劇場化社会

誰もが主役になれる時代で頭角を現す方法

櫻井秀勲
Hidenori Sakurai

きずな出版

はじめに
すべての人にチャンスがある時代になった！

インターネットやテクノロジーが発達した現代は、階段を一段ずつ上がる時代ではありません。階段を使うのであれば、何段もいっぺんに上るくらいでないと遅すぎます。むしろエレベーターを使って何十人も抜いていかないと、間に合いません。

かつての日本でも、似たような時代がありました。軍人社会がそれで、一兵卒で召集を受けた人々と、士官学校、あるいは海軍兵学校を出て、一挙に何百人もの部下を持つ、若き将校になった男たちに分かれました。

ここでは命令するほうが若く、命令されて死んでいくのは年上だったのです。なぜなら、戦争の時期は若い人のほうが役に立つからです。では命令するほうが有能で、命令を受ける側は無能だったのでしょうか？

そんなことはありません。平和な社会であれば、反対の立場だったでしょう。しかし、いつの時代も平和とはかぎらないのです。いまの時代は武器を必要とする戦争こそ起こっていませんが、人工知能（ＡＩ）戦争時代といえるでしょう。

ＡＩ時代になると、生まれたばかりの人工知能と話が合う世代は間違いなく20代、30代です。古くからいわれている言葉に「人間は生きている時代のことしか考えられない」というものがあります。80歳の人は、どんなに考えても、10年くらい先のことしか思い浮かびません。これに対して30代の人は、60年先のことまで読めるというのです。

88歳の私は先のことを読むことはできませんが、いま起きている時代の変化は読むことが可能です。その時代とは「**劇場化社会**」というものです。

インターネットの発達により、個人が気軽に情報発信をできるようになり、ファンやコミュニティをつくってそこで稼ぐことができるようになったのです。つまり、**誰もが社会の中にある舞台に登り、主役になれる時代です。**私も現在、３つのオンラインサロンを主宰し、いくつもの講演、セミナーを持ち、毎日Facebookとブログを更新しています。

逆にいえば、これからの時代、国や会社などに頼って生きていこうとするのは、むずかしくなるでしょう。この社会の変化を見逃すと、つまらない一生を送ることになってしまうのです。

本書では、現在進行形で起きている社会の変化と、それに基づいた未来の予測、そして劇場化社会で主役となり、成功するための方法についての、私なりの知見をまとめました。

あなたはもう、舞台に立つ準備はできているでしょうか？

本書を通じて、一緒に新しい社会での成功をつかもうではありませんか。

著者

目次

第2章

迷わずこの道を究めよう

第3章

自分に価値をつける学びの技術

第4章

上位の人たちから可愛がられる法

第5章

自分を売り込むテクニック

第6章 舞台に立ったときの振る舞い

第7章 劇場化社会における男と女

第8章 自分を知り、いますぐ行動へ

おわりに

第1章

「個」の時代に変化している社会

勉強のできるエリートではむずかしい

ACTION

自らの意思で舞台に上がり、自ら稼ごう。

かつてのサラリーマン社会と現在とでは、非常に大きく違う点があります。終身雇用です。父や祖父の時代には、どの会社も終身雇用が当たり前でした。

それだけに、自分が一生この会社にいようと思うならば、その時点で安定した暮らしが保証されたのです。その代わり、出世しなければ低レベルの一生を送ることになりますが、それにしても中学卒、高校卒、大学卒という立場なりの暮らしはできたのです。

退職時は60歳。あまり多くない退職金をもらって、老後を過ごすわけですが、それでもなんとか死ぬまで、その形で過ごすことができました。

これができたのは、まだ高度な製品をつくる大企業が日本に少なかったからで、一般の会社は、数少ない大手の下請けが多かったといわれています。

私は1931年の生まれで、敗戦8年後の1953年に社会人になりました。このときの大学卒の男子はたった5%だったのです。女子に至っては、私の出身校である東京外国語大学全体の同期には、1人しかいませんでした。

なぜこんなに古い時代のことを持ち出すかというと、**この時代の大学生は、社会に出たことで、舞台に上がっている存在だったからです。**

5%といえば、100人中5人のエリートです。いわば社会でも一企業内でも、期待の星だったのです。

これに対して現在の50代はどうでしょうか？　1970年代生まれの50代は、米国の経営大学院（MBA）に行くことがエリートの証でした。MBAに行ってきた、というだけで、大企業のエリートになれる時代があったのです。

このような時代を経て、現在になると、どの国で学んだから、どの大学を出たから、という経歴でエリートになる時代ではなくなってしまいました。

自分でエリートというか、選ばれた立場に立たなくてはならないのです。

さらに生きるのがむずかしくなった理由は、寿命の延びです。以前であれば平均寿命が70代であったものが、いまでは男女とも80代まで延びてきました。

それだけではありません。そのうち人生１００歳時代が来ます。そうなると、政府や企業も、そこまでは面倒を見てくれません。

自分の力で、生活費を稼いでいかなければならなくなったのです。

相当多くの人たちは、主たる仕事以外に収入を得るために、さまざまな勉強をしています。すでに若くして、一生分の収入を稼いだ人も少なくありません。

私の周りにも、20代で起業して成功している人も大勢います。

誰もが個人を主張する時代に

ACTION

会社員であっても、自分の考えを発信しよう。

劇場化社会、舞台化社会になっていく理由の1つに、**若い層が大勢でいることを好まなくなった**、という点もあります。

昭和時代に生まれた人たちは、家族も多く、大学でもマンモス大学に通い、マンモス企業に勤務するのが当たり前、と考えて生きてきました。ところが平成生まれになると、社会が大きく変わり、何でも少数化がふつうになってきたのです。

学校の1クラスの人数も少なくなりましたし、希望の就職先もベンチャー企業で、社員も少なめです。また大企業に就職しても、日本人は少なく、東南アジア系の人たちのほうが多い、というところがふえてきました。

さらに外国に出張させられる若手も、毎年ふえる一方です。こうなると、大勢の後ろに隠れて意見をいわないという、従来の日本人タイプではやっていけなくなってきたのです。**こうして会話、説明、説得時代に入ってきました。**かつては大企業であれば、規則通りに働き、定時に帰るだけで、黙々と働くのが当たり前でした。自分が出しゃばることもなく、大声で指示することも、めったにありません。

しかしこの種の働き方は、次第に減りつつあります。でき上がった社会、でき上がった企業が崩壊しはじめたのです。**新しい社会規範をつくらなければ、生きるのがむずかしくなってきた**、といっていいでしょう。

諸外国では、そういう働き方、そういう生活が当たり前でした。

「私はこう思うので、こう働きますよ」

「こちらのほうが早く仕事が終わるので、私はそうしますよ」

「これだけ効果を上げたのですから、ペイはこれだけください」

こう書くと、現在の日本人に似ていると思いませんか？　かつての日本人は、外国に行くと、このような光景にぶつかって、びっくりしたものです。「職場は没個性」でなくてはならない、と信じきっていたのです。だから年代別の給与体系がふつうでした。

ところがいまはどうでしょう。どんどん個人給になっています。**舞台に上がって、自分の考えを大勢の前で訴えられる社員が、大きな収入を得るようになってきました。**高収入の内訳には、主演代も入っているのです。

わかりやすい例では、**自分の属している職場の成績を上げるために、社員が有名人になってもいいのです。**これまでは「○○会社社員」だけの属性でしたが、一部では早くも決まった属性のほかに、異なる属性を持つ人も出てきました。

自分が「優秀だ」と思えば、それもできるでしょう。舞台は1つだけではないからです。

舞台化社会はでき上がりつつある革新途上にあるため、あわてる必要はありません。まだまだ自分の能力を高めていく途上にあります。

遊びと仕事が一致した社会

ACTION

積極的に人と付き合い、遊んでいるように働こう。

あなたは自分の誕生日をどう祝っていますか？　独身者は１人か、恋人と一緒でしょうか？　結婚していたら夫婦でレストランかホテルで祝うかもしれません。

これが一般的であり、別に問題はないのですが「舞台に立ちたい」という希望をもっているなら、これではその希望は叶えられないでしょう。

誕生日は人に集まってもらうチャンスです。それだけではありません。その日は主役として挨拶（あいさつ）しなければなりません。小さくても、舞台で話せる絶好のチャンスです。

それにこの日だけは、周りの友人、知人が肩をもってくれるので、「こういうことをやりたい、やります」と話せば、必ず「いいぞ！」と拍手してくれますし、一緒に組んでくれるものです。

それこそ誕生日には、大きなプラスが待っているのです。

同じように、今後は友人の誕生祝いを、あなたが持ちかけるのです。会場を決め、出席者、会費を決めるとなると、誕生日を祝われる主役の、裏の幹事長役になれるではありませんか？

これは誕生日のケースですが、どんなパーティでも祝いごとでも記念日でも、これと同じことになります。私の知っている例では、これをやりつづけていた男が次第に多くの仲間を獲得し、いつの間にか舞台の中心に立つようになっていました。

見方によっては、この男は1年中、遊んでいるように思われるかもしれません。

たとえば読書会という集まりをつくったとします。すると時と場合に応じて、カフェかレストラン、ホテルなどを利用することになります。これを人が見たら、遊んでいるように見えるかもしれません。

実際、遊び感覚は非常に大切です。スマートフォンで仕事をしている人もいれば、遊んでいる人も多いでしょう。遊びつつ仕事に結びつけている人もいるはずです。

仕事と遊びが截然と分かれていない時代が来たのです。ネクタイを締めているから仕事、締めていないから遊び、とはなりません。近頃は遊び場のような職場の一流企業も少なくありません。職場に自分の机のない人も大勢いるはずです。

東京をはじめ、全国の都市には貸室、貸会議室がどんどんふえつづけています。いわばそこは新しい舞台なのです。これまでは課長、部長が上がっていた舞台に、いまは若者がどんどん駆け上がっています。

職場をコミュニティ化している、といえるかもしれません。コミュニティ化できない男女は、脱落していくのです。

人づき合いのできない人は、それができるように変身しなければなりません。それができたことで成功した若い人たちは大勢いるのです。

ブームを起こした人、起こせる人

ACTION

ブームの波に乗り、遊ぶように稼ごう。

いま東京を山手線で一周すると、目を見張るばかりの高層都市になっていることがわかります。マンションも高層化しており、一体どういう人が住んでいるのだろうかと思うような、高級マンションが林立しています。

これらのマンションには、それなりの資産を蓄えた高齢者の家族が住んでいるのかというと、違います。20代、30代の若い独身の男女も、驚くほど大勢住んでいます。

それらの人々を見ると、到底サラリーマンの男女とは思えません。なぜこんな場所に住んでいられるのか、理由がわからない人、不思議な人々が、いくらでもいます。

そうです。**これらの人々は若くして舞台に上がった人たちです**。劇場化社会のエリートといっていいでしょう。

これらの男女は、一歩踏み出した人たちです。別のいい方をするならば、**遊んでいながら、お金が入ってくる仕組みをつくった人たちです**。ズバリいえば、不特定多数の人たちに、自分の言葉とブログ、メルマガ、本などで、新しい情報を送っているといっていいでしょう。

……と簡単にいいますが、これができる人はやはり限られています。一例を挙げれば、現在メンターとして大きな存在になっている望月俊孝（もちづきとしたか）さんは、これまで1億数千万円を使って、米国で学んできたことを明らかにしています。

ブームというのは「1次〜3次」まであるのがふつうです。1次のリーダーは真っ先に外国で学んできた人々です。

かつてはその外国がドイツでした。いまでも医学の先進国ですが、日本の医学はドイツに学んで、ブームを起こしたのです。ドイツに留学した人々が1次のブームを起こし、2次のブームを起こしたのは、留学した師について学んだ人々でした。いまの時代が、新ブームの丁度ここに当たります。

お金のふやし方、引き寄せ、ヨガ、マインドマップ、起業の方法、集客の新しい方法、本の書き方などを現地で学んできた人々が、現在は第1次の大きなブームを起こしています。そしてこれらの人たちに学んだ優秀な後継者たちが、現在第2次ブームを起こしつつあります。これらの人たちは確実に舞台に上がっています。

問題はそれを見て、大挙して押しかけてきた人たちです。それらの人々は、大舞台には立っていませんが、小さな舞台には立てるでしょう。少なくとも併業、副業、複業として成功する可能性は十分あります。

またそうしていかないことには、将来、明るい生活を送っていくことはできません。1つの仕事、職業だけで十分な生活費を稼ぐのは、むずかしくなってきたからです。よほどの大企業でないと、多めの収入は稼げなくなってきました。

このことをしっかり頭に入れて、もう1つの階段を昇ろうではありませんか。ブームはこれからが本番です。

先頭に立った者が大きなトクを取る

ACTION

ほかの人に先んじて、自ら行動を起こそう。

この世の中は非常に不平等です。イケメンもいれば美しい女性もいます。自分と較べると、口惜しくなることがありませんか？　これらの恵まれた人は、最初から舞台に半分足をかけているのですから、私たち庶民と大違いです。

しかしいつの時代でも、不平等はつきものです。それにイライラして罪を犯す人もいます。中には「罪を犯すことで一瞬でも輝きたい」という人も出てきました。

警視庁の刑事に聞くと、自分の行いが新聞やテレビに出るのを喜ぶ男もいるといいます。

一瞬でも自分の名前や顔が出るのですから、舞台のスターになった気になるのだそうです。「バカな奴だ！」と思うかもしれませんが、たしかにこれでは、元が取れません。しかし**現代は、元が取れる犯罪スレスレの舞台もあるのです。**1人ではなく、大勢でのパフォーマンスがそれです。

サッカーで逆転勝利した！　これによって渋谷のスクランブル交差点が、一時機能停止に陥ることがあります。正確にいえば、集団で信号を無視するわけです。無視することで、テレビに顔の映るチャンスをつかんだ人は何人もいます。もし正常なときに信号を無視したら、警察に逮捕されてしまいます。

私の若い時代、1961年から「六本木野獣会」という若者たちの集まりがありました。真剣に日本の将来を語り合う若者たちもいれば、六本木の道路をバイクでぶっ飛ばす男女もいました。

この中から中尾彬、大原麗子、ジェリー藤尾、田辺靖雄といった、輝くような芸能人も出てきました。ただ、多くの若者は警察から指導を受けて消えていったのです。

私はマスコミの一員として野獣会の面々とつき合ってきました。「考え方や行動力」によって、舞台に上がる人もいれば、奈落の底に転落する人たちもいたものです。未成年でありながら酒や異性交遊に溺れた人たちもいました。

それに対して、その時代を日本の夜明けと考えて、理想を語り合い、行動を起こしたい若者が、毎晩集まっていたのです。その集団を最初につくったのは16歳の田辺靖雄という、のちに歌手になった少年でした。

そして最初に賛同した面々が、舞台に登場し、テレビの主役になっていったのです。私は時代の証言者として、この目でその姿をはっきり見ていたのです。

舞台化社会は、いわば1961年から始まった！　といっても過言ではありません。

私はこのとき、先頭に立つことの大切さを知ったのです。

第2章

迷わずこの道を究めよう

きみは得意な技術を持っているか？

ACTION

「いいね」を押す側ではなく、
「いいね」を押される側に立とう。

いまの時代は「自分ではムリ」と考える人には、生きにくい時代になっています。なんとなく後ずさり（後退）しているような生き方だからです。

もしあなたがこのタイプだったら、正反対のパートナーと組むことです。芝居でいえば、舞台に立つ人だけで客を呼べるわけではありません。舞台裏で働く人も必要です。

舞台裏といっても、大きな芝居となると、監督、演出家、脚本家から始まって、チケット販売、宣伝に携わる男女まで、同じ船に乗る人は多いのです。

具体的にいうと、最近は講演、セミナー、ワークショップなどが驚くほど多くなっています。それこそ、会場を決めるだけでも大変です。また集客のために働く人も少なくありません。

舞台でハイライトを浴びる人は別格にしても、周りでスターを盛り上げる人も必ずいるものです。彼らもいわば勝ち組といってもいいでしょう。もしかすると、小さなセミナーくらいであれば、開けるようになるからです。

小さなセミナーでも、それによって、主たる収入以外の金銭が入るわけです。

これが大切で、最初は収入の額は問題ではありません。**「スタートする」「スタートできた」ということが、成功の第一歩になるからです。**

自分の話や技術を語る、見せることによって、1人でも2人でもファンができたら、将来は大舞台に立てる可能性ができたことになります。

小さなセミナーを年間100回開くことができたら、何百人の前で話したのと、同じ結果になります。そうなるためには、自分ができる技術がなくてはなりません。技術がなければ、コミュニティをつくる、広げるという方法もあります。

スマホ1台あれば、コミュニティをつくり、広げることも夢ではないのです。

私自身はFacebookを使って、ファンを広げています。Twitterでもいいでしょう。**「いいね！」を押す側ではなく、押していただく側に立つことです。**

私の場合は経験が長いのと、文章術、女性心理学、読書術、コミュニケーション術、占星術など、専門分野が広いので、有利といえるでしょう。また高齢になっても元気なので、健康法も語ることができます。

あなたはどうでしょうか？ 子どもの頃から得意だったものはありませんか？

女性が有利なのは、他人に教える種類の、実用性のある技術を持っている人が多い点です。整理の仕方、料理法、育児法だけでなく、スピリチュアルな特技を持っている人も少なくありません。

地球外の世界とつながることのできる人もいます。これらを知りたい、学びたい人は多いのです。以前はカルチャーセンターが盛んでしたが、いまはむしろ個人型の学びが喜ばれる時代になったのです。

「私なんて！」はドブに捨てる！

ACTION

どんなことでもいいから、
一芸に秀でよう。

「私なんてムリ」「俺なんてゼンゼンダメ」何事にもこういうタイプがふえています。それだけ子どもの頃から甘やかされてきたからです。肝心の大人になってからそれが、「臆病」「弱気」というカタチで出てくるのです。

時代が違うのであまり参考にならないかもしれませんが、私のような戦争世代は、たとえば空襲から逃げるために、自分で決断しなければなりませんでした。私の母親はそんなとき**「大勢が逃げる反対を往きなさい」**と教えてくれたのです。

なぜか？　わかりますよね。敵機は大勢のど真ん中に爆弾を落としたり、機銃掃射をするからです。母はそのことをよく知っていたのか、常に少数の人たちと逃げたのです。

それが私の信念になって育ちました。

少数の中にいなければソンをする、と思いつづけてきたのです。

そうなると「私なんてムリ」という考え方はなくなり、何でもできるようになるのです。

「舞台に登れ」といわれれば「ハイ」と答えます。

そうすると、ともかく何かしゃべる度胸がついてくるのです。やがて、いつの間にか私の辞書から「ムリ」という言葉はなくなっていきました。

もしあなたが臆病だったら、あなたの人生は確実に「貢ぐ一生」になります。他人の舞台を観る席に、お金を出してずっと座りつづけなければならないからです。

別の言葉でいえば、大勢の仲間と一緒に「仕事をくれ」のデモに参加する立場に立つことになります。劇場化社会は非常にきびしく、観客は自分で稼いだ金を使って電車に乗って、主役の演技を観に行かなくてはなりません。

「自分はそんなことにはならない」といっても、一度観客の１人になってしまったら、舞台ははるか遠くになってしまうのです。

現在は、何でもいいから、自分の中に主演を張れる役柄を育てなければなりません。5人でも10人でも、感心してくれる観客をつくりましょう。

自転車に乗るのがうまければ、その技術を徹底的に鍛えるのです。私のように女性を口説くのがうまければ、その技を磨くことで、舞台で講演できる立場になれるのです。手品をマスターすれば、テレビの人気者になれるでしょう。ダンスのうまい人もいるでしょうし、けんか上手な男もいるでしょう。大食漢でも大スターになれるのです。

どんなつまらないことでも、芸にすることができるのです。私は誰にも何かしらの得意芸がある、と思っています。

小さい頃は何が得意だったか、思い出してみてください。必ず1つぐらいは、人に勝るものがあるはずです。

才能は小さなものでいい

ACTION

自分のちょっとした才能に気づき、それを披露してみよう。

あなたはどんな才能があるでしょうか？　もしかすると、自分には何の能力もないと思っていませんか？　それは能力というものを、輝くような特別な才能、と思っているからです。

私たち大人は、子どもと勝負しても、必ず勝てると思っているでしょうが、そんなことはありません。子どもの能力に敵わないものもあるのです。

たとえば鶴を折ってみましょう。大きな色紙で折れば、おそらく誰でも折れるでしょう。

ところが小さい鶴を折ろうとしたら、子どもの小さい手で折ったほうが、きれいに折れるはずです。

つまらなそうな才能でも、いまの時代は非常に目立つことがあるのです。

近頃は高速道路上で「あおり運転」をして、相手車輌に事故を起こさせる悪質ドライバーが出てきました。これは自分に特別な運転技能が備わっていると錯覚している例ですが、こういった技術をよい方向に向ければ、たちまち舞台で主役になれるのです。

大分前になりますが、あるとき私は、顔見知りの警視庁刑事から「面白い実験をするので、立ち会ってみませんか？」というお誘いを受けました。警視庁の内部の会議室でやるというので、喜んで参加させてもらいました。

その部屋には1人の中年男の話を聞こうと、庁内の男女職員が何人かいましたが、何とそれはスリの実験だったのです。その中年男はスリの名人だそうで、逮捕されたのをきっかけに足を洗い、いまや全国を講演して歩いているというのです。

まさに自分の特殊技能をよい方向に向けた好例です。私はそこでモデルにされ、すれ違う通行人になったのですが、一瞬で私の内ポケットから財布がなくなっていたのです！

いまだったら、彼はタレントになれたかもしれません。意外にこういう技能、技術の持ち主はいるものです。

2018年の夏に、山口県で2歳の藤本理稀(よしき)ちゃんが迷子になり、絶望視されていました。このとき、ボランティアの男性が理稀ちゃんを発見しました。この男性は「子どもは山の中では、下に降りるより上に向かって歩いていく」と、プロならではの発言をしています。

この男性は表舞台に立つのはイヤだ、と姿を消してしまいましたが、本当であれば、捜索の名人として、人気者になったかもしれません。

年齢や男女に関係なく、さまざまな技術を持っている人は大勢います。私でさえテレビの中で、口説きの技術を披露して視聴率を取っています。

あなたも何かちょっとした特技を持っているのなら「これはたいしたことがないから……」などと卑下(ひげ)せず、それを生かす方法を考えてみてください。

技術がなくても成功できる方法

ACTION

苦手な部分は、ほかの人にやってもらおう。

以前であれば、美容の技術をある程度勉強すれば、小さな美容室くらい持てたでしょう。しかしこれからはムリです。同じようにラーメン店をやろうとしても、まずむずかしいでしょう。美しくする技術、おいしくする技術だけ勉強しても、集客の技術がなければ、成功するとはかぎりません。

逆に、あなたが集客の技術をマスターしているなら、美容院であろうが、ラーメン屋であろうが、あなたのクライアントになり得ます。あるいは1人の人間が集客の技術をマスターしなくても、ネット上で集客できるサイトを立ち上げれば、それでも大金が入ってくる可能性があるのです。

いまの時代は、文学部を出たから小説を書ける、というわけにはいきません。大学など出ていなくても、遊んで大金を儲けた話を書けば1冊の本になるし、もしかするとベストセラーになるかもしれないのです。

なぜそれができるかといえば、企画を立てて、原稿まで書くライターやプロダクションがあるからです。**自分ができない部分は、それが得意な人たちと協力し、やってもらえばいいのです。**

日本の社会はすべて「自分自身が専門家」にならなければならない仕組みでした。何十年も学んだり経験したりして、一歩一歩、高みに上がっていかなければなりません。だから、すでに経験を積んだ高齢者の価値は高かったのです。

ところが現在はどうでしょう？　ＩＴ社会の普遍化で、むしろ若い世代のほうが、はるかに高い技術を持つようになったのです。ネット系の技術者は40歳になったら「要らない」といわれかねませんし、それ以外の職業でも、50歳までに退職勧奨の出る仕事はいくらでもあります。経験者だから優遇される時代ではないのです。

このことをすでによく知っている若い男女たちは、ふつうのビジネスマン、キャリアウーマンになるのは危険だと思っています。だから大勢の中から抜け出したいと思っているのでしょう。

現在では「作家」といっても、自分が書いていない人も大勢います。自分が書く必要はなくなっているのです。私自身には残念ながらそういう人たちがいないので、仕方なく自分で原稿を書いているのです。

資金さえあれば、1つのライター集団も可能でしょう。そしてその集団は、堂々と舞台に立って、「いかにしたらベストセラーを出せるか」という題名で、多くの人たちを集めることもできるのです。

これは一例に過ぎません。これと似たセミナーをすでに行なって成功している人も、現実に何人もいます。彼らはもう大スターなのです。

あなたも誰と組めるか、何で利益を出すか――をじっくり考えてはどうでしょうか？ 必ず自分を生かす方法があります。

「三日」のうちに見違える人間になる

ACTION

どんな事態になっても、対応できる幅の広さをもとう。

昔から「男子三日会わざれば刮目(かつもく)して見よ」という言葉があります。若い男は3日間会わないと、その間に驚くほど大人になっている、という意味です。また、たった3日間で、驚くほどすぐれた人間になっているという意味にも使われます。

これはあなた自身への言葉、と考えてみることもできます。

いまの時代は変化が激しく、週末2日休んで月曜日に出社したら、会社の方針が180度変わっていた、ということも珍しくありません。このとき、それに対応できる人間でないと、そこで脱落してしまいます。もし会社が倒産したら、毎日仕事探しに歩き回るのではなく、すぐ次の仕事に取りかかれるタイプでないと、いまの世の中はむずかしいでしょう。

劇場化社会とは、極論するならば、こちらの芝居小屋が終わったら、すぐ次の小屋の仕事に向かうということです。いつでも次の仕事があるようにしていなければなりません。

石川和男さんという作家がいます。いや作家だけではありません。石川さんは偏差値30の高校を出て、名前さえ書ければ受かる夜間大学を留年、卒業して建設会社に入りました。それも経理部に配属されたのですが、簿記の知識ゼロという有様でした。

この男が「三日会わざれば刮目して見よ」ではありませんが、ある日一念発起し、八面(はちめん)六臂(ろっぴ)の活躍をしはじめたのです。最新作は『残業ゼロのノート術』(きずな出版)ですが、なんと！　いまでは建設会社総務経理担当部長、大学講師、時間管理コンサルタント、セミナー講師、税理士、ビジネス書作家と、6つの仕事を掛け持ちしているのです。

「ラクをして暮らしたい」という気持ちはわかりますが、本気で成功したいなら、このくらいでないと、舞台上での人気者にはなれません。別に人気者にならなくてもいい、そこそこのセミナー講師になれれば満足――かもしれませんが、列車と同じで、最初に走り出すまでは、相当な力が必要です。

私は毎年正月におみくじを引きます。ここ数年は「大吉」を引きますが、中身を読んでみると「人の助けが必要」「お助けをこうむって福徳増す」と書かれています。

大吉でも自分の力だけでは、うまくいかないことを示しています。私自身は強運、幸運に恵まれて、舞台に立つ側になりましたが、それでも最初のうちは、あちらこちらから援助の手を差し伸べられて、一人前になっていったのです。

ともかく最初の1つの仕事だけは、他人より成功しなければなりません。そうでなければ、1回舞台に立っただけで、そのまま2度と立てません。なぜなら後輩でも、3日会わないうちに、実力が備わっているからです。

「正月3が日」といいますが、その3が日で大きくなりましょう。

これこそ人生の極意です。

二兎を追って何が悪い！

ACTION

1つのものに固執せず、
複数のことを同時にやろう。

「二兎を追う者は一兎をも得ず」という、古いことわざがあります。「どっちつかずはいけない」という意味のようですが、これも時代によって変化するものです。

いまは二兎も三兎も、追わなければならない時代ではないでしょうか。仕事でもそうですし、男女関係でもそうなってきました。若い経営者から来た年賀状を読むと「昨年2社を立ち上げ、今年も3社スタートします」といった内容が書かれているものもあるくらいです。

小さな会社をいくつも立ち上げている状況は、丁度、シネマコンプレックスに似ています。シネコンは同一の施設の中に、複数の映画館をいくつも入れるものですが、ロビーやチケット売場、売店、映写室などを共有できるため、非常に経済的です。

さらに大小複数の映画館があれば、客足の落ちたものは、小さな館に回すこともでき、実に効率的です。**二兎どころか、三兎も四兎も追ったほうが、成功しやすいのです。**

これは現在、出版界で行なわれはじめています。大出版社が中・小出版社を併合して、得意分野を互いに回し合うのです。こうすると、経理、総務、宣伝、広報などを統合できるので、非常に効率が良くなります。

この方法は個人が実践することも可能です。自分の名前がその業界に知られるようになると、小さな会社を集めてトップに立つことも不可能ではありません。いやむしろ、これで成功している人がふえているのが現状です。

この方法は男女関係でも成り立ちます。これまでだと特定の1人に対する「愛」を大切にしすぎたため、愛のない交際などありえない、というのが基本でした。

ところがいまはどうでしょう？　愛より別の価値が重要になってくると、婚活が活発になります。愛情はあと回しにして、まず条件が優先します。きびしくいえば**「好きな人ができない」という考えでは、一生お相手は見つからないのです。**

好き嫌いはあと回しにして、まず男女とも候補者を大勢つくらなければなりません。そのためには、コミュニティを最優先にすることです。それも婚活と何の関係もないコミュニティでいいのです。

恋人をつくる前に、友人をふやすことが先決でしょう。友人、知人がふえれば、そこで初めて愛が生まれます。二兎どころか三兎、四兎でもかまいません。

これまでは、愛情にしても仕事にしても、あまりにもまじめすぎたのです。しかし現代は遊びながらお金を得られる時代ですし、遊びながら、愛をかち得ることも可能です。

観客席に座っているだけでは、男女の自由交際は不可能です。舞台に上がってもいいし、舞台裏でこっそり愛をかちえてもいいのです。ビジネスも恋愛も、お相手を大勢にしたほうが、自分に合う人が見つかりやすいのです。

波乱の道こそが成功への道

ACTION

バカにされるような行動で、成功のチャンスをつかもう。

これを読んでいる読者の中で、父親から、

「そんなバカなことを考えて、この世の中渡っていけるか！」

「だからダメだというんだ。世間はそんなに甘いもんじゃないぞ」

といわれた人は、大勢いるのではないでしょうか？　頭ごなしに怒鳴るような父親は、これまでならありがたい存在でしたが、もういまの時代から相当遅れています。情報が入ってこない立場にいる上に、いま起こっている状況がわかっていません。父親ではなく、自分自身がそう思っているようでは心もとないでしょう。

中年男性だけではありません。最近は若い人でも安定志向の人が驚くほど多いものです。一流大学に入り、有名企業に就職した若者ほど、現状を肯定してしまいます。

いま若手の有名経営者たちの経歴を見ると、一流大学を出ている人は、そう多くありません。だから新しい波頭を察知できるのでしょう。

いつの時代でも、ラクをして上位に進めてしまう人は、ムリをしないものです。必ずそのうちに大舞台に立てると思っているのですから。

ところが一流大学を落ちて格下の大学で学んだ人、あるいは何年も留年した人、あるいは途中で退学した人などは、最初から自分の人生は荒れ模様だ、と考えていることが多いものです。

私はこういう、若いころに順風満帆でなかった男女ほど、新しい道を考えると成功するような気がするのです。なぜなら、異質なことを考えはじめるからです。

芸能界でも順調にプロダクションに入れる人たちがいます。芸能人の二世や、飛び抜けた容姿やスタイルをもっている人たちは、すぐテレビやラジオなどに出演できます。

しかし、何もないけど芸能界に入って、有名になりたいという「一旗組（ひとはた）」になると、街頭でギターを鳴らしたり、学校を回ったり、老人ホームで笑わせたりするものです。私の親しいシンガーソングライターのユウサミイさんは、サラリーマン生活をやめて、街頭で歌うというきわどいスタートから、有名歌手になっていきました。

また内閣総理大臣奨励賞の「人間力大賞グランプリ」を獲得した歌手の大野靖之さんも、全国の小・中・高校の講堂で、生徒たち全員を前に歌うという、初めての試みをスタートしています。いまや彼の活動は教科書にも載っているほどで、歌った学校数も千校に近づいています。

これらの人々は、一部では超有名であり、ファンも大勢います。「そんなバカなことをしても」有名になれる時代なのです。

人生が「荒れ模様」の男女ほど、いまの世の中で成功する確率は高いのです。あなたも、小さい才能かもしれませんが、それを持って舞台に上がってみませんか？

あなたには早咲きの能力があるか？

ACTION

自分の性格を把握し、早くから強みをつくろう。

人間は1人ひとり、運命が異なります。それが手相、血液型の場合もあれば、星回りや運命数の場合もあります。あるいは性格によって、人生の広い道を歩く人もいれば、狭くて細い道を往く人もいます。

そういう「わからないもの」ではなく、才能という、はっきりした能力の持ち主もいますし、親が億万長者という、有利な条件をもって生まれてきた人もいるでしょう。こういった人たちの中には、一生懸命働かなくてもいい運命の人もいます。しかしそういう人はごく少数で、多くの人たちは、自分の能力を最大限に生かさなくてはなりません。

こんなとき、占いで自分の運命を観察してみましょう。占いというと男たちは、顔をしかめるかもしれません。

しかしあなたは知らないかもしれませんが、あなたの会社の人事部は、あなたの性格や運命を生年月日などで調べているものです。なぜそんなことをしているかというと、上司や部下との関係や、顧客との人づき合いを知っていないと、業績が上がらないからです。

舞台に上がれる人は度胸がすわっています。劇場化社会、舞台化社会がやってきたということは、そこで大活躍できる性格でなければ、たちまち舞台から下ろされてしまう、ということでもあるのです。

もちろん、占いを知らなくても、自分の性格はある程度わかります。しかし、たとえば運命数9の人は、早めに舞台に上がらないと、中年以降は舞台から下ろされる危険性がある、といったことを知っているでしょうか?

また自分のことではなく、わが子のことも心配しなくてはなりません。この運命数の人は、美空ひばりに代表されるように早熟です。できるだけ早目に才能を広げて、花を咲かせなければソンです。

こういったことを知っているだけでも、チャンスを逃さないでしょう。また運命数でなくても、いまの時代は40歳までに能力を全開しないといけません。50代に入ると、淘汰(とうた)されてしまうことがあります。中でもＩＴ関連の企業では、20代で大輪の花を咲かせないことには、有名になれないでしょう。

早く大人になり、才能を発揮しなくてはならない時代になってきています。それこそいま大輪の花を開かせているＺＯＺＯＴＯＷＮの前澤友作社長は、20歳で輸入レコード・ＣＤの通販ビジネスをスタートしています。

まず自分の立ち位置をしっかり見つめ、劇場化社会の主役になれるタイプか、準主役級か、それとも最初は端役からスタートするタイプなのかを、よく考えてみましょう。

ここで大事なのは、劇場化社会になっていくことを知っているか、信じているか、という点です。まったく知らないし、信じてもいないようでは、自分の能力は伸びないかもしれないからです。

時間を限定して有名に挑戦する

ACTION

自分の生涯をスケジュール管理し、自分の意志で行動しよう。

現代ほど早く有名になれる時代はないでしょう。 芸能人の場合は、昔から子役が一躍有名になることはありましたが、昨今では大人と実力を競うスポーツやビジネスの世界でも、若いうちから頭角を現す人が出てきました。

たとえば卓球の張本智和、平野美宇(みう)選手をはじめとして、現在将棋七段の藤井聡太さんに至るまで、大人顔負けの大活躍をしています。

これらの天才少年少女たちは、恐らく**「何歳までにどこまで到達する」**という計算をしているのでしょう。そしてその計算通りになっているのです。

なぜそれが可能かというと、**自分自身で行動できるからであって、誰からも邪魔をされないどころか、自分の意志を決めたら、それに一直線に進めるからです。**

それまでは社会人になって「10年で課長、20年で部長になる」という目標を立てても、自分で課長になるわけではありません。決めるのは会社であり、役員です。

現在では、自分がその気になれば、起業して社長にもなれるし、先生にもなれます。自分で起業もできるし、勉強会を主宰することもできるからです。

もっとくわしくいえば、**やる気さえあれば、自分の一生のスケジュール化もできるのです。**私の知人たちは、それを現実化しています。時間をムダにしないためにも、一度、自分をスケジュール化してみませんか?

私は54歳で会社を辞め、独立しましたが、これは松本清張先生のアドバイスによるものでした。このまま会社にいたのでは、最終的に定年になって、あとはぼんやり過ごすだけになるぞ、といわれて背水の陣を敷いたのですが、これはまさに「**時間を限定されて有名になることに挑戦した**」といえるでしょう。

当時は有名になる方法といえば、本を書いてベストセラーにする以外ありませんでした。しかしいまは違います。ネットを使ってファンをふやすこともできますし、一緒に会社をスタートさせる仲間を募集することも可能です。

むしろこのやり方は、若者たちのほうがすぐれているかもしれません。体を使って有名になる方法が使えるからです。中年になると体力が衰えますから、むずかしいものです。

ただここで重要な点があります。**「有名」といっても、全国的になる必要はありません。**ある範囲の中だけで十分です。

以前の話ですが「新興宗教は1000人の信者がいたら必ず儲かる」といわれました。特定の範囲で名を知られればいいので、それほどむずかしいわけではありません。

ビジネスの種類によっては、100人のファンがいれば、それで食べていけるでしょう。

有名とはその名前が継続される、ということを意味します。継続が最重要ポイントになるのです。

第3章

自分に価値をつける学びの技術

なぜ、いまは勉強時代なのか？

ACTION

講演会やセミナーに参加し、学びつづけよう。

最近の東京は、貸会議場がふえつづけています。それも大きなビル一棟が、大小さまざまな会議室になっています。知らない人は、企業が多いのでビルが足りなくなっているのか、と思ってしまいそうです。

実は企業で使っているというよりは、個人で使っている人がふえてきたからなのです。あるいは企業が借りていても、企業そのものが使うというより、先生方をお呼びして、講演会やセミナーに使っているのが実情です。

なぜそれほど、これらの催しがふえてきたのでしょうか?

昔と現在とでは、小・中・高・大学の勉強がまったく変わってしまったからです。

以前の教師といえば、人生の教師を指したものです。私には小学校の担任、高校時代の担任、そして大学時代の恩師の3人がいました。私の今日は、これら3人の先生方の人生指導によってある、といっても過言ではありません。

ところがいまは、そういう人生指導をしてくれる先生方は、いなくなってしまいました。先生が指導したくても、それだけの時間がありません。生徒も塾に行ったり、家庭教師がついたりと、受験指導だけで、それ以上はできなくなってしまいました。

気がついてみると男も女も、どんな人生行路をたどっていいのか、わからなくなっているのです。早い人は10代の大学生時代にそのことに気づき、メンターと呼ばれる人に師事することになります。

講演会やセミナーのお手伝いをすることで、メンターの身近にいて勉強をするのです。これらの中の優秀なメンバーは、20代そこそこで、先生の代理を務めることができるようになります。

勉強の内容はさまざまですが、誰もが目指すのは億万長者です。現在、父親の年齢の人々で年収1千万円以下の男たちは、息子や娘から見ると「失敗者」に映っています。

というのも、若い彼ら彼女らは、これからの人生で一番大切なものは地位でも名声でもなく「財産だ！」と思っているからです。

野村総合研究所やクレディ・スイスの調査によると、現在1億円以上の金融資産、動産、不動産を持つ富裕層は、212万人いると書かれています。50人に1人は、それだけ持っているというのです。

そして2020年には、これらの富裕層が359万人になるというのです。若い人々はこれに挑戦していくことになります。もちろん父や母から財産を受け継げば、一挙に富裕層に入りますが、それはまだまだ先だとして、自分の才覚で財産をふやしたいのです。

これらの男女が、いまや勉強会に殺到しています。もちろん金融以外の勉強会もにぎやかです。

嫌われている人にこそ学ぶことがある

ACTION

嫉妬の感情を捨て、結果を出している人に学ぼう。

「女の敵は女」という言葉があります。この考え方の基本は嫉妬(しっと)、ジェラシーです。仮に舞台に上がろうとしたら、さまざまな噂(うわさ)が流されて、引きずり降ろされてしまうリスクがあることも、考えておかなければなりません。

これはマイナスから見た場合ですが、プラス面で見たらどうでしょうか? **いまは男でも女でも、マイナスから相手を見る時代ではありません。**もしそういう見方をする人がいるならば、最初から脱落でしょう。

いまは嫉妬心を捨てる時代であり、もしそれだけ優秀な女性がいるならば、仲間に加えてもらうくらいでないと、遅れてしまいます。

ビジネスの世界での優秀さは、学校の優秀さとまったく無関係です。学校の成績は授業を受ける態度など基礎点数にも左右されますが、ビジネスの点数は売上に比例しています。会社は基礎点数では優秀と認めません。

このことがわかれば、**性格がどうあれ、結果を出している人についていくことが大事だとわかります。**感情的に気に食わなかったとしても、まずはその人についていってみることです。そうすることで、自分も早く認められるようになるからです。

ビジネスの世界で認められているということは、時代に合った働き方、身の処し方をしているということです。そういう人たちは、これから劇場化社会になることを見抜いているかもしれません。

いい換えれば、優秀な女性は「女王的に振舞っているから」女の敵と見なされているのではないでしょうか。でもこれからの女性は、女王になるべきなのです。

もちろん女王と一言でいっても、優しい女王もいますし、傲慢な女王もいるでしょう。学ぶべきは自ずとわかるでしょうが「女の敵は女」という目で見ないことです。

テレビ番組を見ればわかるように、**実力があれば、どうしても嫌う人が出てくるものです。**これはいい換えれば、自分でその時代に合う実力をつけた、ということです。時代の寵児(ちょうじ)になったからこそ、敵になる人が出てくるということでしょう。

誰でも立つ気さえあれば、大舞台に立てるのです。そのためには、自分の経験を豊富にしなければなりません。自分は経験を怖がっていて、嫉妬をしても始まりません。

自分には人に話せるどういう体験があるか？　どういう成功と失敗があるか。「そんなものはない」というのであれば、いまから経験を積み重ねるのです。その経験を少数の人に話していくことです。**少数の人なら聞いてくれます。**

そうしながら、経験を豊富にしていくのです。どんなことでも経験談になるのです。

講演会でメモを取ってはいけない

ACTION

相手に感心するばかりでなく、それを自分のなかに取り込もう。

電車の中や大衆酒場では、サラリーマンと覚しき男たちが、何人かで話し合っている光景を見かけます。何気なく聞いていると、誰かをほめている場合があります。

「あいつはすげえな！」

「いやな奴だが、たしかにできるよ」

しかしこれだと「自分がトップに立つことはできない」という話になります。たとえば職場の会議の席上でも、その男には敵わなくなります。

これを繰り返していると、いつの間にか、こちらは聴き手になってしまい、椅子に座りつづけて、メモする側になってしまうのです。メモする側になったら、いつかどこかで、そのメモの内容を使うようになります。「○○先生によれば」というセミナーや講演の講師は、こうして二流になってしまうのです。

感心するのは構いませんが、講演会では絶対メモを取らないこと。これができる人は、いつか自分が舞台に上がることになります。私はほとんど他人の講演・セミナーには出ません。なぜなら、話を聴くと「感心してしまう」からです。

舞台に立てる人は、みなすばらしい内容の話をします。そこでつい、メモを取ってしまうのです。しかし、こうしていくと、その先生には敵わなくなります。

ゴルフやテニスもそうですが「ナイスショット」といってばかりいては、自分のスコアはみじめな結果になります。「なぜ、あの人はあれほどすばらしいショットが生み出せるのだろう？」と身体が反応し、逆にショットが乱れていくからです。

他人は他人、自分は自分です。他人のことを気にするのではなく、自分の理論を確立することです。

かつて私は「ＯＬ（オフィスレディ）」や「ＹＡ（ヤングアダルト）」という新語をつくりました。それは「必ずこういう時代がくる」と、確信したからです。そしていまこの本で「舞台化社会」「劇場化社会」という発想を示しています。これも私のつくった「女性化社会」という新語の考え方の延長です。

人の言葉にただ感心するのではなく、それを自分の考えの中に取り込むことが大切です。英語、中国語がペラペラの同僚がいたら、「あいつには敵わない」と思うのではなく「あいつは将来、外国の支社長だな」と思えばいいのです。

ただし、あなた自身が自信を抱ける知識、情報、話力を持たなくてはなりません。あるいは金儲けの知識でもいいでしょう。

いまの人たちが欲しがっている知識と技術を、確実に身につけなければなりません。それは勝負です。ゴルフやテニスと似ています。**教えてほしい人たちが近寄ってくるだけの実力が必要になります。**いまからでも遅くはありませんので、同僚を感心させる技術と話術を身につけましょう。

運営スタッフになるときのコツ

ACTION
さまざまな講演のスタッフになり、自らの糧にしよう。

歌舞伎座の舞台と、その辺の小さな芝居小屋の差は何でしょうか？　一言でいうと「ロングランができるかどうか」という点です。

歌舞伎座の舞台がロングランできるのはファン層の違いであり、名優と三流役者の違いです。**舞台化社会が来たからといって、演目が師匠から教えられた1つしかない三流役者では、たちまち舞台から姿を消さざるをえません。**

現在、セミナーなどで圧倒的に多いテーマが「億万長者になる方法」です。あるいは、その周辺テーマでしょう。

その周辺テーマで人気があるのが「できる人・できない人」です。「仕事ができるかできないか」「お金をふやすことができるかできないか」「出世できるかできないか」――これらは誰でも知りたいだけに、その講師の話がすばらしければ、人気は沸騰（ふっとう）していくでしょう。

人気テーマを知っているだけで、自分が人気スターになることも可能です。この点、三流役者が一挙に二流、一流になることも夢ではありません。

多くのセミナー講師の中には、講演会やセミナー開催のたびに、会場運営のボランティアを募集している人がいます。このボランティアを何度も経験していくと、さまざまなことがわかってきます。

（1）どういうテーマに人は大勢集まるか？
（2）どういう話し方だと参加者は満足するか？
（3）どういうテーマに、男又は女は強く反応するのか？　年齢はどうか？
（4）何曜日、あるいは何時頃なら、集まりやすいか？

（5）受講料はいくらぐらいが適切か？
（6）講師1人でいいのか、ゲストを呼んだほうがいいのか
（7）どういうサービスをつけているのか？

こうした観点から、それぞれの講師を研究していくと、さまざまなことがわかってきます。ボランティアをするからには、これだけの視点を持つべきでしょう。

1人の先生のボランティアをしていたのでは、それほどデータは集まりません。同じ講師の話を何度も聴いても役に立たないからです。

ボランティアに応募するからには、セミナーや講座、講演のあり方に注目しなければ無意味です。ところが私の見ているところ、単に「自分の好きな講師だから」という理由で、参加している人が多いような気がしてなりません。

それではいつまでも舞台下にいるタイプになってしまい、舞台で演じることはできません。ただ「好きだから」だけで決めるのではなく、そこから自分が何を学び、分析できるのかという意識を持ちましょう。

本を出すなら宣伝費のつもりで！

ACTION

講演のプロに学び、基礎を固めよう。

少しでも舞台に上がれそうになったら、ともかく専門書を1冊書きましょう。といっても無名の新人は、そう簡単に書かせてもらえません。いまは新人の本は売れない時代だからです。

本を出版して売れるような人は作家や有名人を除くと、ごく少数になります。ところがここで、舞台で活躍する人たちは錯覚するのです。いつもは講演会やセミナーをやっていて、もう「先生」と呼ばれることが多くなっているからです。

本が確実に売れる人は、1000人規模で集客できる人、1年に100回以上、講演会のできる人、あるいはこれと同時にメルマガの読者やブログ、Facebookのファンが圧倒的に多い人でしょう。

セミナーは東京なら東京で何百回やっても、集まる人たちが決まっていることもあり、それほど評価されません。全国で毎回違うお客さんに1回1回の講演で50冊ずつ売れれば、年間100回で5000冊になります。これなら出版できるでしょう。

ここまで集客できない人は、各出版社でやっていますが、自費出版をお願いするといいでしょう。最初はまとまった金額が必要になりますが、宣伝費と思えば安いものです。本を1冊でも出せれば、それが引き金となって、名前が出ていくことがあるからです。

私の場合は幸運にも女性の専門家だったので、何社からも申し込みがありましたが、最初の1冊が売れたことで、その年の講演回数は200回を超え、一挙に収入がふえていきました。

本気で大舞台で活躍しようとするならば、自分を芸能人と考えなければなりません。芸能人は一体どうやって有名になっていくのか、一度いまのうちに研究してみましょう。

いま人気の大谷由里子さんは、元吉本興業の社員で、横山やすしのマネージャーでした。彼女は講演のプロを育成しています。基本をしっかり押さえるために、彼女の下で勉強するのもいいでしょう。

自分だけの力で有名芸能人になれないように、講演セミナーの講師でも、1人の力では有名にはなれません。**有名講師の話を聴くより、基礎を勉強できるところに入って、そこでしっかり学ぶことです。**

本を出版するときはライターの手を借りることもできますが、講演はそうはできません。借りられるのは、パソコン1台です。それによって、にぎやかにはできますが、基本は自分の「しゃべり」です。

なお、本と講演の決定的な差は、講演相手は講師より年も下、知識も下であることが多いという点です。だから教え口調になりますが、本は誰が買って読むかわかりません。年齢もレベルも上の人もいるだけに、教え口調では、売れないのです。

できれば上下両方の人たちから、評価されるような人間になっていくことです。

文字よりも言葉のほうがスピーディ

ACTION
受信も発信も、言葉を中心にしてみよう。

最近ではどの学校や大学でも、スピーチコンテストがあります。「うちの子は話すのが下手で」とコンテストを見て嘆く母親はいますが、父親はほとんどいません。それはなぜでしょうか？　母親のほうが、新しい社会の変化を知っているからです。

父親は「自分の仕事と自分の職場」を中心に社会を見ています。そして「子どもは幼い」と思っているのです。父親は「話し下手で困る」と嘆く母親に「ペラペラしゃべるようでは、将来使いものにならないぞ」と、叱るのです。これは大間違いで**「子どもは自分より**

新しい」と思わなくてはなりません。

もしあなたの家庭が、こういう雰囲気なら、相当危ういと思わなければなりません。なぜならこれからの時代は「**口から出る言葉の時代**」、つまりスピーチ、スピーキングの時代だからです。

原稿も手で書く、手で打つ時代ではなく、口から直接、文章にする時代なのです。すでにスマホは、その先端機器になっています。

作家として人気の高い永松茂久さんは、スピーチの練習を兼ねてスマホに原稿を吹き込んでいます。私がやっても、突っかえ突っかえの話し方になってしまいますが、彼が話すと、きちんとした原稿になっています。

古い人たちは原稿というと、「手によって書かれたものでないと価値がない」と思っていますが、それは間違いです。そればかりか、もう一歩進めると、**口から声となって出た話が大事になるのです。**

なぜなら本で読むとしたら、１千部、１万部の紙が必要になりますが、声ならその紙が不必要になるからです。また「目で読む」という作業はきついもので、そう長く読めるものではありません。

その点、**耳で聴きながら、目で話し手を見る方法だと、非常にラクです。**目で読む古いタイプの人たちは、どうしても新しい情報や知識の収集が遅くなります。耳から知識を入れるタイプは、歩いている最中や、電車の中、車の中でも聴けるだけに、スピーディです。

親は時間さえ許せば、子どもが幼いうちから、舞台のある場に足を運ぶべきなのです。家に帰ってきても、話を覚えていて、それを真似することができるようなら、その子の前途は洋々です。そのために1畳ほどの畳を買って、そこにいつも立たせて話させるのです。

会話の少ない職場は辞めるべきです。執務中に水を打ったように静かな職場は、執務外でも会話が少ないものです。私ならこういう会社は敬遠します。舞台上でスピーチし合うような習慣がまったくないからです。

いつも椅子に座って仕事をしつづけるのは、椅子に座って、舞台を見上げる人たちです。将来、舞台上で華々しく活躍することは、不可能でしょう。そういう観点から、入るべき職場を見つけることもできるのです。

あなたのキャラは立っているか？

ACTION

最新の情報を収集し、
自分のキャラを立たせよう。

私はこのところ毎年12月になると、大谷由里子さん主催の「全国・講師オーディション」の決勝審査員を務めています。年々盛んになって、いまやネットファンも含めると、数万人の人たちが注目しています。

なぜそれほど多くの人たちがこのオーディションに注目しているかというと、ここから有名講師となって巣立っていった男女が、非常に多く、大活躍しているからです。

書籍の著者だけでも『自分を安売りするのは〝いますぐ〟やめなさい。』（きずな出版）

で〝いますぐ〟シリーズを書き上げた岡崎かつひろさんを筆頭に、『きれいでなければ稼げません』（WAVE出版）の人気美容家・渡辺ゆきよさん、『キャラがすべて！』（きずな出版）の著者・大内優さんほか、何人も頭角を現しています。

これら若手の〝舞台派〟は、一種の社会的ウェーブを起こしています。自分の力で講演会に何百人も集められるのですから、まさにいまの時代の最先端を走る人たちです。恐らくこれからも毎年、優秀な若手が舞台に飛び出してくるでしょうが、これこそいまの時代の生き方、働き方だと思うのです。

優秀な人たちは、キャラのつくり方でも群を抜いています。岡崎さんは真冬でもトップ、ボトムともに半袖、短パンです。これだけで、エネルギーが溢れている力強い人柄を感じさせます。渡辺さんは本の題名通り、いつも美しく、それも着飾っているわけではないのです。また大内さんは真っ赤な帽子を離したことがありません。いまテレビで話題のお笑いタレントより、一歩抜け出したタレント性を発揮しています。

私もこの年でありながら、ヘアカットは大手美容室の「ZA／ZA」高田馬場店長の倉橋睦美さんにお願いしています。だからこそ女性専門家として、どこに出ても恥ずかしくないのです。

独特のキャラが立っていない人は、大勢の中の1人であって、抜きん出て目立つ1人ではありません。この差は非常に大きいものがあります。

見た目のキャラが立っている人は、心の中身、頭の中身も、一般の人たちより変わっているからです。すぐれているといい換えてもいいでしょう。

いまの時代は、何事にも遅い人はソンをします。ソンというより使いものにならない、といってもいいでしょう。

以前であれば新聞を読んでいれば、世の中に遅れませんでした。ところがいまは、ネットが最新の情報を得る場になっています。私は常にいま起こったニュース、情報を、ネットで知っています。それは表現を変えれば「勝負」なのです。ニュースをいち早く知っているからこそ、勝てるのです。

舞台に立ちたいと本気で思うなら、ニュース、情報にも敏感でなくてはなりません。キャラとは、そういうところにも、はっきり出るのです。

第4章

上位の人たちから可愛がられる法

年賀状をやめたら観客以下になる

ACTION

年齢を重ねても、
自分を発信しつづけよう。

この本の巻末には私の人脈を書き出していますが、私くらいの年齢になると、年賀ハガキも少なくなります。

それは当然で、仕事をしている相手がぐっと減っているからです。最近は終活年賀状がふえてきています。「来年から年賀状を辞退させていただく」、そんな一文を添えて、人間関係を整理する人が多くなってきたようです。私にもふえてきました。

最初から年賀状を出したり出さなかったりした人ならこれでも構いませんが、**これまで**

長年出しつづけ、返事をいただいていた人が、このような形で年賀状を終わらせるということは、「社会的自分を抹殺(まっさつ)する」ことでもあります。

いわば舞台に上がらないだけでなく、客席にも来ないということで、要は「私は社会的に死んだのですよ」と宣言したことになります。死なないにしても、ベッドから2度と起き上がれない、というほどの意味に受け取られます。

もちろん年齢によっては、これも悪くありません。ただ、**高齢者の元気は、思い出の中にも詰まっているものです。**いただいた年賀状の氏名を見ているうちに、過去の思い出が蘇(よみがえ)り、急速に血色がよくなることもあるでしょう。

私の知っている例では、かつてつき合っていた女性が結婚を期に年賀状も来なくなったのですが、ある頃から再び元の姓で来るようになったとか。離婚したことが、その姓でわかったので、交際を復活させたところ、急速に元気を取り戻したのです。

これは直接的に舞台に上がったわけではありませんが、間接的には「交際復活」という芝居の主役になったようなものです。

舞台にはさまざまな形式があります。政治という華やかな舞台もあれば、戦いという生死を賭けた舞台もあります。テレビという大仕掛けの舞台もあれば、自分で店を張るほどの小さな勉強会もあります。多い少ないの差はありますが、必ず観客や学生がいるもので、注目の的になるのです。

この舞台の役者には、年齢の制限はありません。芦田愛菜(あしだまな)さんのように、3歳で芸能界に入った名子役もいますし、赤木春恵さんのように、88歳でギネスから世界最高齢での映画初主演女優と認定を受けた女優もいます。政治を見れば、表舞台から退いたものの、テレビに顔が出れば視聴率を稼ぐ、中曽根康弘さん、小泉純一郎さんなどの元首相もいます。

これらの人たちは、まだまだ多くの観客を惹きつける魅力をもっているのです。

こう考えていくと、**自分から人脈を捨てるのは、自分の生命も生活も捨てるようなものかもしれません。**

私は死ぬまで、年賀状やFacebookで自分の生活を発信していくつもりです。そのほうが、新しい知り合いがふえるからです。

それが私自身を舞台に押し出す力になると信じています。

コバンザメという方法もある

ACTION

有力者の後ろ盾を得られる人間か、自分をチェックしてみよう。

いまから60年ほど前、私が社会人になった頃は、「リーダー」ともいうべき実力者がどの世界にもいたものでした。私の入った時代小説の世界では山手樹一郎、山岡荘八、火野葦平、長谷川伸といった当時の一流作家が、弟子を大勢抱えて勉強会を開いていました。

このリーダーがのちに師匠、先生、メンターになっていくわけですが、弟子の立場は変化ありません。一種のコバンザメとして、メンターの身辺にあって、基本から勉強することになるわけです。口の悪い人は便乗商法だ、ぶら下がり商法だと罵りますが、もともと師と弟子の関係はそういうものです。

豊臣秀吉は織田信長に誠心誠意仕えたことで目をかけられ、師を超えるほどの身分になっています。「自分の後ろには信長公がいる」と周りに見せつけていますが、正しい方法です。だからこそ早く天下の舞台に上がれたのでしょう。後ろ盾を持たない大名は天下を取れませんでした。後ろ盾を持つ武将たちに滅ぼされていくのです。

この「後ろ盾」が現在の人脈です。メンターとは最高の人脈です。

とはいえ、誰にでもすばらしい人脈ができるとはかぎりません。すばらしい人脈を持てる人は、それだけの働きができる人で、メンターから信頼されなければなりません。これがなかなかできません。

ただしできなくても、憎まれない人もいます。

（1）太っている
（2）痩せこけている
（3）小柄である
（4）髪がちぢれている

（5）ハゲている
（6）醜男（醜女）である
この6種類の男女は、人から笑われやすいタイプだけに、安心感を持たれやすいでしょう。また、舞台では目立つ存在です。笑いを取りやすいし、気軽にモノを頼みやすいからです。

このように弟子になりやすいタイプは、思いきってメンターの懐ろに飛び込むといいでしょう。メンターに警戒されたり、意地悪されたりするタイプは、絶対コバンザメになってはいけません。

かつて松本清張は、九州文壇のリーダーだった火野葦平という芥川賞作家から「自分の縄張りに入れ」といわれました。ところが清張先生は人づき合いが下手で、そんな会合は死んでもイヤだといって、上京したのです。これが大成功の基になったわけです。

あなたもいま一度、じっくり考えて、コバンザメになるか、それとも独力で舞台を目指すかを決めましょう。

「未見の我」を探すための交際術

ACTION

多くの人と出会い、才能を開花させよう。

私は短大で女子学生に教えていた時期もあったので、そこで「才能」についてよく話していました。

いまの若い人たちはパソコンとスマホで文字を書くことが多いので、墨を使ったことがありません。そこで太筆を持って、墨汁をたっぷりつけ、一挙に文字を書いてごらんと教えるのです。すると中には、みごとな文字や、芸術性のある形が書かれることがあります。

これは「**まだやってないことの中に、思いがけない才能が眠っている**」ということを示しています。これを読んでいる方にも、何か才能が眠っているに違いありません。

これを「**未見の我**」といいます。誰にも、まだ見ていない自分がいるのです。私は88歳ですが、まだ気づいていない能力がある、と確信しています。

実際、私は86歳のとき、東京の百貨店で開かれた書道展に、初めて太筆を使い大きな書を出しました。これが意外に好評でしたが、さらにいまでは、俳句の才能があると思いはじめています。

こうなると、数年後に俳句書展を開き、大勢のお客様に見てもらうことも可能になります。私の年齢でも才能は出てくるのです。

平櫛田中（ひらくしでんちゅう）という彫刻家がいました。107歳まで生きた方でしたが、自分は130歳まで生きて仕事をするといって、彫刻の材料を買い集めていたほどです。平櫛先生は100歳を超えても、新しい才能が生まれてくるのを疑っていなかったのです。

私は人の話を聞くとき、メモは一切取らず、相手の顔ばかり見ます。こうしていると、突然、ひらめくものが出てくるのです。**人の話の中から、新しいヒントが浮かび、生まれ、これが「まだ見ぬ我の考え」になることがあります。**

いろいろな人の話を触媒にして、眠っている才能を呼び起こすのです。この方法をつづけると自分の領域が広がりますし、思いがけない才能が飛び出します。

私が20代の頃、当時の女性たちから圧倒的な支持を受けていた森雅之という男優がいました。黒澤明監督に起用された、すごい美貌の俳優でした。

あるとき取材があり、女性ライターと伺ったところ、まったく何気なく、椅子を引いて彼女を座らせたのです。そんな俳優がいるでしょうか？　マナー以上の扱い方です。

私はこれを見たことによって、女性の扱い方、女性とのつき合い方、ひいては女性誌のつくり方まで学んだのです。私が女性専門家になれたのは、森雅之と会ったからなのです。

ぜひ、あなたの中に眠っている新しい才能の目を覚ましてください。

誰にもチャンスは平等にある

ACTION
レベルの高い人脈をつくれる師匠に出会おう。

私は子どもの頃からとりたてて優秀な技術はありませんでした。すぐ上の兄は創作の才能があり、10代で日本画家にもなれるし、靴をつくる技術、スーツの裁断技術でも、身を立てていく十分な才能を持っていました。それに対して末っ子の私は、何も優れた点のない、平々凡々な子どもでした。

何が私を変えたのかというと、指にできた皮膚（ひふ）病でした。皮膚病が私を舞台へと押し出したというと、何のことやらわからないでしょうが、**変化というかチャンスというか、人**

間の立場の変化は、思いがけないところに転がっているものです。

それは旧制中学4年生の冬のことでした。指の間にできた皮膚病が治らず、医師も「硫黄温泉で治療する以外ない」と匙を投げました。敗戦後のことで、皮膚病薬がまったくなかったのです。

そこで兄がさがしてきてくれた神奈川県の芦ノ湯温泉に、中学生が1人で、湯治に出かけました。そこで運命の人となる、太宰治らしき作家に声をかけられたのです。

1人で温泉に入っている14歳の少年が珍しかったのでしょう。この作家が太宰治本人であったことは、その後多くの作家、評論家、あるいは太宰治の次女たちによって「ほぼ間違いなし」となりました。

このとき、その作家から「詩や小説を書きなさい。将来は出版社に入りなさい」とアドバイスを受けたのでした。これによって、その年から詩を投稿し、小説を書くための同人雑誌をつくり、一挙に大人の世界に入ることになったのです。

それだけではありません。詩人や小説家は自己能力の世界です。**その時点で私は観客席に座るより、大きさは別として、舞台に立つ側に立ってしまったのです。**

このとき私は人脈の大切さを知ったと同時に、1人の人脈によって、自分自身の将来が大きく変わっていくことを知ったのです。

その後、私がこの話をするたびに、あれよあれよという間に、私の人脈は非常にレベルの高いものになっていったのです。私の幸運はまさに14歳の年の4日間にあった、といえるかもしれません。

もしかするとあなたは「そんな幸運は、めったにあるものではない」と思うかもしれません。たしかにそうあるものではありませんが、**運とかチャンスは、拾えるものでもあるのです。**

一例でいえば、セミナーに行く場合、何百人の中では、自分を目立たせることはしにくいでしょうが、何十人、あるいは何人かであれば、チャンスは大きくなるのです。

かつての松下村塾（しょうかそんじゅく）の塾生は、さして広くない部屋に集まって、吉田松陰（しょういん）先生の話を聞いていたメンバーです。これらの志士が、日本を明治維新に導いたのです。

どういう師匠を持つかも、運と大きく連動するでしょう。

返事の仕方1つで運命が変わる

ACTION

返事をするときは、自分の行動をしっかり示そう。

「ハイ」という言葉を返事だと思っている人がいます。こちらから「こうしたらどうですか？」といったのに対し「ハイ」と答えるタイプです。

私から「じゃあ、勉強会に入ったら？」といわれて「ハイ」と答えるだけでは「この人はダメだ」と、私はそっぽを向いてしまいます。もしかすると本人は「ハイ」といったのに「入れてくれない」と思っているかもしれません。しかし、「ハイ」は英語でいうところの「YES I DO.」ではないのです。

近頃は韓国の態度が反日的だということで、毎回「遺憾（いかん）」という言葉が、日本政府から出ています。しかしこれも微妙なもので、外交プロトコル（約束事）では――

（1）断固として非難する
（2）非難する
（3）極めて遺憾
（4）遺憾
（5）深く憂慮する
（6）憂慮する
（7）強く懸念（けねん）する
（8）懸念する

このように表現が決まっているのです。近頃は「遺憾」が多いところから見ると、政府はそれほど真剣ではないと、韓国側は見ているのです。

それはともかく、**返事は、する人、受け取る人によって微妙に違うだけに、どちらかというと、目下がしっかりしなければなりません。**上の人の運命は変わりませんが、下の人の運命は大きく変わってしまうからです。

私は昭和文壇を彩った何人もの文豪とつき合ってきましたが、一番重要視したのは、この返事と時間でした。作家は文章の達人だけに、こちらは非常に注意を払います。うっかり「ハイ」とだけいおうものなら、「どっちなんだ？」と追及されてしまいます。必ず「ハイ、伺います」「ハイ、いただきます」と、下に動詞をつけたものです。三島由紀夫は非常に時間に厳格で、1分遅れてもイライラするほどなので、必ず約束の10分前までに到着するようにしていました。私はそれほどきびしくありませんが、それでも心の中では遅れてきた人に「減点1」とメモします。

本書を読んでいるあなたは社会の階段を一足飛びにジャンプして、他人より高い舞台に立とうと思っているでしょう。目上の人から可愛がられないと、できることもできなくなります。

それに、**舞台上から「こうせよ」と話す立場になるのですから、自分がそれをできなければ話になりません。**自分がやっていないことを、相手に求めることは不公平です。上に立つことの意味を、しっかり考えましょう。

コミュニティをつくろう

ACTION
異なる世界の人と出会うため、自ら場をつくろう。

これからの世の中は、自分1人の情報量では、やっていけないと考えなくてはなりません。どんなに勉強しても、1人の知識量にはかぎりがあります。

またこれまでだと、同じ職場の同僚や仲間と飲みに行ったり、先輩の話を聞いたりしますが、それはまったく異なる分野の話ではありません。分野が近いといえるでしょう。

いまの世の中は、異分野、異世界、異世代、異性など、異なる世界とつながらなくては、小さな人間になってしまいます。ここにコミュニティをつくったり、広げたりする必要性が生まれるのです。

このコミュニティは、ネットワークを通じての情報交換を目的にしているので、いちいち人と会う必要はありません。人づき合いが苦手な人でも、広げる気になれば、いくらでも広げられるのです。

人によっては、その中心になれる人もいるでしょう。すぐ舞台に上がれるのです。だからこそ、**どんなに小さな分野でもトップレベルになれる勉強、研究をしておくといいでしょう。**

いまFacebookを開くと「日本を良くする○○の会」「○○さんの応援グループ」「楽しい酒を飲む会」など、さまざまなコミュニティが毎日のように生まれています。

どれがいい悪いではありません。これらのコミュニティを考える人、リーダーシップを取る人、これに参加する人がいるということです。ということは、あなたもFacebook上で呼びかけたら、コミュニティが動くことは十分ありえます。

人間は1人ひとり、趣味、嗜好が異なります。以前、誰かに聞いたところでは、この日本には、最少単位で500人の同一趣味を持った人がいるということです。

そう考えたら50人、１００人の同志を集めるのは不可能ではありません。堂々とコミュニティを立ち上げてみましょう。

あるいは1人で、10個のコミュニティを立ち上げてみましょう。**尻込みする人がいるものですが、思いきってリーダーになってみてください。**

わからない人は、マツダミヒロさんの『コミュニティをつくって、自由に生きるという提案』（きずな出版）を読んでみましょう。お茶会、読書会、勉強会、楽しむ会、ファンの会などができると書かれていますが、これらは学習、知的交流だけでなく、単なるお話会から趣味、愛好者の会まで含んでいます。

あなたでも十分つくれると思いませんか？

Facebookでその人のレベルがわかる

ACTION
今日から毎日、Facebookに投稿しよう。

この時代、なかなか人にお目にかかるのは大変です。みんな忙しいので、互いの時間が合いません。近頃は男女とも「友だちがいない」といっていますが、それは友だちがいても、なかなか会えないので、特別に親しくなれないのです。

そこで私はFacebookを多用しています。自分で発信するだけではなく、Facebookを書いている人も鋭く見ています。

簡単にいえば、Facebookの投稿内容を見ると、それでその人のレベルがわかるからです。

Facebookを読んでいるうちに「この人に会いたいな」という思いが湧き上がることも少なくありません。およその知性と教養がわかるからです。

私はほぼ毎日、Facebookに投稿していますが、これは私の読者調査用です。毎日異なるテーマを、ほぼ同じ行数で書くのですが、「いいね！」の数が少々上下します。こうすることにより、どういうテーマなら、セミナーや講演ができるかが読み取れます。

私のオンラインサロンの受講生などにも継続して書かせていますが、驚くほど上達しています。私のアドバイスもきびしいので書くほうも大変でしょうが、慣れてくると、1日でも書かないと、忘れものをしたような気持ちになり、深夜でも書くようになります。

いまの時代は書く時代から話す時代になった、といいながら、書かせているのは少し矛盾(むじゅん)しているように思えるかもしれません。ただ、**最初は書くことによって、話の起承転結を知らなければなりません。**そうでないと、「話」ではなく「おしゃべり」になってしまうからです。

そしてさらに重要なことがあります。話しつづけている人は、ほとんど同じことを繰り返しているだけです。それは当然で、ウケる個所はいつも同じだからです。

落語やお笑いを見ていると、必ず同じオチになりますが、ここでオチを忘れてしまったら、視聴者は怒ってしまうでしょう。講演も似たところがあります。

それは何も悪いことではありませんが、それでもできるだけ広く話題を集めたほうが、自分に教養と知性がついていきます。「毎日ラクして儲ける」という話をしていて、知性がつくわけがありません。それに自分より目上の人から、目をかけられなくなる怖れもあるのです。

そこで毎日Facebookに書くことによって、多様な人たちから「いいね！」をいただくのです。毎回１００以上の「いいね！」をいただける人は、相当な力倆（りきりょう）があります。今日から試みてください。

第5章

自分を売り込むテクニック

集合写真を撮るときは中心に立て！

ACTION

自分に自信がなくても、自分を大きく見せよう。

小さな催しをつづけたい、教室を持ちたいという人は、大きなセミナーや講演会に顔を出すことが必要になります。もちろんそこで学ぶことが第一義となりますが、その会場には、同じような専門性を持った人たちがいる可能性が高いからです。

ここで新しいコミュニケーションを始めることがポイントです。

講演会、セミナーは、ただ学ぶために出席するのではありません。**同じ道を往く仲間を見つけ、共に手を携えて専門分野を広げることが副次的な目的です。**

ここまでくれば、副職として人の前に立って話せるようになります。

ともかく人の前に立つことです。

多くの人には、1人で何人かと向き合って話すことは珍しい経験です。それが無料であろうと、相手から拍手を受けるのは、大きなよろこびです。

ただここで重要なのは、仮に拍手を受けたとしても、**それらの人々があなたの話をもう一度聞きにくるか**、という点です。

まずほとんど来ないでしょう。それに会費や授業料をいただくとなったら、自信がないのではありませんか?

そうです。言葉だけで聴き手を集められる人は、相当レベルの上の人たちで、そこに到達するのはまだまだ先です。

ではどうしたらいいのでしょうか?

援軍を頼むのです。本来なら先生がいれば、弟子のために一肌脱いでくれるかもしれません。しかし先生のいないジャンルもあるものです。

そんなときは場所を選ぶといいでしょう。スピリチュアルセミナーでは、よくパワースポットを利用します。先生の話よりパワースポットに行きたくて参加する人も多いのです。

私もたまに、参加者を作家の記念館に連れて行くことがありますが、その作家のファンであれば、ぜひ行きたい場所です。

テレビ局、最高級ホテル、六本木のバー、絵画展といった場所もありますし、出版社の編集者、テレビ局のディレクター、料理店のシェフ、寺院の僧侶……これらの人たちの話を聴けるとしたら、大勢が手を上げるかもしれません。

このように「**自分を大きく見せる**」手法もあるのです。

たとえば、大勢で集合写真を撮ることがあります。このとき後ろのほうに回ったり、はじっこで顔だけ覗(のぞ)かせる人は、舞台には上がれません。小さく見えてしまうからです。

集合写真を撮るときは、なるべく中心線に近い、前のほうに立ちましょう。こういう人は、いまはまだ実力が備わらなくても、そのうちに力がつくと、舞台の中心に立てるようになります。

そのためには、時間と金をケチってはいけません。「お金がないから帰る」というようでは、誰もあなたをスターにしないでしょう。

セカンドネームを持たないか？

ACTION

2つ目の名前をつくって、新しい仕事を始めよう。

いまの時代は、企業が「複業」を認める社会になってきています。これまでの「副業」、つまりアルバイト的な仕事と違い、複業は同時に2つの仕事を持つ形式です。

私はたまたま本名でやりつづけてきましたが、これからの人たちは、セカンドネームを持ったほうがやりやすいと思います。

相手にすぐ覚えてもらえるような面白い名前をつけないと、商売にならないことも多いからです。

たとえば、仮に明石家さんまさんが本名の杉本高文で活動していたら、タレントになることもできなかったのではないでしょうか。それだけセカンドネームは大事になってきました。

ただし、セカンドネームを持つということは、自分を隠すということではありません。多くの人の中には、名前を隠したい人、顔を隠したい人、経歴を隠したい人など、さまざまな考え方を持つ人がいます。

劇場化社会、舞台化社会になると、複業をオープンにしたほうが、有利になることが多そうです。こそこそ隠れてするよりも、仕事によっては自分が勤務する会社のためになることもあるからです。

いまは若い人ほど新しい知識が豊富で、それらの人たちは仲間とチームを結成しています。

私は企業内で舞台に立てる人は、30歳前後ではないかと思っています。この年齢が一番、新しい情報と知識を持っているし、仲間も多いからです。

いまはYouTube、Facebookをはじめとして、いろいろ「名を売る場」がふえつづけてい

ます。ということは、全国の若者たちから憧れの的になる可能性が多いのです。

そのトップが落合陽一さん（31歳）で、つづいて吉藤健太朗さん（31歳・通称吉藤オリィ）でしょう。2人ともＩＴ時代の旗手というべき人物で、すでに大舞台に立っています。

私の場合は本名でセックスものの本を書き出したので、セカンドネームを持つ必要がなくなってしまいました。

もともと日本人作家は、姓は本名で、名前だけペンネームをもつ人が多くいました。夏目漱石がその代表で、漱石だけペンネームです。

いまの仕事、これからの職業を考え合わせて、本名以外に1つでも2つでも名前をつくって、使ってみましょう。それで楽しみもふえるし、ビジネスにも好影響を与えるかもしれません。

いかに自分らしい特徴をつけるか？

ACTION
少しでも早く、
自分のキャラクターをつくろう。

あなたは何か特徴を持っていますか？

いまは「特徴時代」で、何でもいいですから特徴をつけることが大切です。

お笑い番組には、続々と新しいタレントが現れますが、芸名といい、衣服といい、覚えられやすい人ほど、人気になっています。中には真っ裸の芸人も出てきました。

私とコンビを組んで「櫻井のすべて」というオンラインサロンを運営している大内優さんは、赤い帽子をかぶってから、一挙に有名になりました。帽子を赤にしただけで、人の目を惹きつけたのです。

いまの時代は教養があるから人の目に立つ、というわけにはいきません。タレントの出川哲朗さんのように、英語をまったく知らなくても、外国人にこちらの希望を伝えることができるのです。そうなると、「出川イングリッシュ」はすばらしい特徴になります。

私の若い時代には、ふだんから和服を着つづけた男がいました。この人は和装のモデルになりましたが、一時期は有名になったほどです。

現代は自分という人間を目立たせることで、メシが食える時代なのです。有名になる方法は無限にあります。衣装だけではありません。ひげだって眼鏡だっていいでしょう。大食いで大評判となったギャル曽根さんもいますし、珍獣ハンターのイモトアヤコさんも世界的に有名になっています。こういった才能はテレビで人気になる可能性が強いのですが、テレビでなくても、いまはさまざまな分野で有名になれるのです。

私は残念ながら外見的な特徴はありませんが、「櫻井牧場」といって、この牧場には8人の女性が集まっている、と本に書いたことで有名になりました。

またテレビに出て「10秒でキスしてみせる」という技法を見せたことで、ファンが急増しています。これによって私は「女学の神様」「口説きの神様」と呼ばれるようになり、ネットを検索すれば、必ず私の名前が出てきます。また、講演や書籍の仕事がひっきりなしにふえていったのです。

自分を特徴づけることは年齢とは関係ありませんが、早ければ早いほどトクです。人生の後半に入って特徴をつけても、売れる期間は短く、めったに大ブームにはなりません。

作家の井上裕之さんは本もよく売れていますし、歯科医としても成功している上に、講演やセミナーでも多くのファンを集めています。井上さんはいかにしたらナンバー1になれるかを、若い頃から日夜研究したといいます。

その結果、大学教授で50代とは思えない、若々しい斬新な服装で颯爽(さっそう)と登場します。この服装は一種の特徴になっていますが、それより「いかにしたら1番になれるか」と、1番主義を徹底的に特徴にしています。

こういう特徴のつけ方もあるのです。

特技を名刺に書き入れよう

ACTION
名刺を工夫して、自分をアピールしよう。

どう考えても、もう一般企業で定年まで勤め上げるのは、ムリになってきました。よほどの幸運に巡り合わないかぎり、40代で1回は希望退職募集に引っかかり、次は50代から60歳までの間に、もう1度リストラの危機に出会うことになります。

そうしないと、企業が保たなくなったからです。その大きな理由は定年の延長です。定年延長なら、むしろ大喜びできると思うかもしれませんが、それまでに徐々に従業員を減らしていかないと、人件費で企業が成り立たなくなる危険性があるからです。

このことをよく心得ておかないと、人の命は長くなりつづけますが、仕事がなくなってしまいます。

私たちはこれまで国家、政府、官庁、企業などに頼りつづけてきました。中には「何でも反対」をいいつづけながら「少しでもむしりとろう」という、ずるい考えの人たちもいます。

しかし世界の多くの国の人々は、国家や企業を頼ることさえもできず、苦しい日々を送っています。もしかすると、日本もそうなる可能性も出てきました。**寄りかかり体質の人たちほど、苦しむ時代に入っていくかもしれません。**

だからこそ、いくつになっても、自分で舞台に上がり、自分自身で食いつないでいかなければなりません。このためには「会社に雇われている」という気持ちを一回捨てなければなりません。

「いや自分には、何の特技もない」

という人もいるかもしれませんが、そういったところで、助けてくれる人がいなければ飢え死にするしかないのです。それこそいまから、虫や小動物を食べる練習をしておかないと、食べるものがなくなってしまいます。あっという間に世界人口が100億人を突破し、世界中の食糧が食い尽くされるからです。日本だけ豊かな食料品が余っているというわけにはいきません。

もちろんこれは最悪の状態をいっているわけですが、いまでも、刑務所では3度3度の食事がつくというので、犯罪に手を染める高齢者が少なくありません。いつまでも夢を見つづけているわけにはいかなくなるのです。

もしあなた自身が、人生80年、100年時代を健康に過ごしたいのであれば、いまのうちから1人芝居ができるように、何か考えなければなりません。

舞台に立って活躍する人たちの名刺を見ると、表にも裏にも、いろいろ自己紹介が書かれており、写真まで入っています。これこそ、これからの時代の自己紹介書です。こういう名刺がつくれるよう、自分自身の力を誇示できなければなりません。

社名以外、何も書いていない名刺は何の価値もありません。**主婦であっても、何かできることを書いて、名刺をバッグに入れておくことです。**いつそれを使わなくてはならないか、わからないからです。

渋谷駅前で騒ぐことにも価値がある

ACTION

自分をアピールできる場を、見逃さないようにしよう。

いつの時代でも、次々と大衆ウケする場所が生まれるものです。私の時代は六本木でした。ここに、社会から半分はみ出したような青年男女が集まってきたものです。私も声をかけられて仲間に加わったのですが、ここで当時の人気少女、加賀まりこに出会いました。当時の私は20代の週刊誌編集者でしたが、誰か大舞台に立てるような男女がいないか、さがし歩いていた時期でした。加賀まりこはまさにピタリの女性でした。

街があるとそこに人が集まり、そこからスターが生まれ、巣立っていくものです。東京では銀座から多くの有名人が出ましたが、赤坂や渋谷からも巣立っていったのです。

もし本気で有名になりたければ、自分に合う繁華街に腰を据えるといいでしょう。作家やミュージシャンにも「銀座クラブ派」「新宿ゴールデン街派」「裏麻布派」「裏原宿派」などがいるようですが、これらの人たちと仲よくすることで、チャンスは大きく広がります。

近頃では若手経営者が渋谷に根城を構えています。「類は友を呼ぶ」という言葉があるように、IT関連など同じような仕事をしていると、新しい情報が耳に入ってくるだけでなく、仕事を共同で広げていくこともできるでしょう。

それこそ何も持たない、無名の若者たちが、事あるごとに渋谷のスクランブル交差点に集まります。見知らぬ間柄でも、声をかけ合ううちに仲間ができていくものです。

テレビで見ていると、彼らはただ騒いでいるだけのように思えますが、無名の人にとっては最高の無料舞台です。うまくすれば、テレビに映ることもあります。

テレビにちょっと映ったことがきっかけで、本当の舞台に立てるかもしれないのです。テレビの威力は、まだまだ強いのです。一見すると遊んでいるように思えますが、そうではありません。これらの人々は「映る」力を実によく心得ています。

これがスマホになっても同じです。**たとえばテレビに映ったワンショットを、スマホの中に取り入れたとすれば、Twitter、Facebook、YouTubeなど、さまざまなネットメディアを駆使して、あっという間に拡散できるでしょう。**これによって「時の英雄」になることもあるのです。

まったく無名の若者でも、これがきっかけとなって、何か声がかからないともかぎりません。いや仮に「渋谷のスクランブル交差点で明日○時に会いませんか?」と、こちらから積極的に書いたとすると、仲間がワッと集まるでしょう。

私の周りには、そういった若い男女が集まっていますが、この中からヒーロー、ヒロインが生まれることを、彼らは信じているのです。

新しい職業名を自分で創り出す

ACTION

他人が喜ぶことを考え、
それにマッチした職業をつくろう。

マツダミヒロさんは「質問家」という新しい仕事を構築した人です。1つの仕事をつくるというのはなかなかむずかしいもので、私は残念ながら、従来からあった編集者、作家、教師という、先輩の仕事をなぞって生きてきただけです。

いまはYouTuberという職業も出てきましたが、これは従来の仕事と違って、必要な資格や学歴はありません。パソコンとカメラさえ使えれば、動画を撮影し、YouTubeにアップすればいいだけです。誰でもなれるのです。ただし大舞台に立った人は、数億円の年収がありますが、ただひっそりと撮っているだけでは、それほどの収入にはなりません。マツダさんの質問家もほぼ同じで、資格や学歴はまったく関係ありません。質問の仕方で仲間が大勢できていくのです。

そうなると、**知識に代わって「目の前の人を喜ばせるには、どうしたらいいか？」を考えられる人が重要になります。**

かつて「皮肉屋」という、職業ではありませんが、人々の胸をスカッとさせる人がいました。これは人々が舞台に上がれない時代に、彼らの心をスカッとさせた技術者で、ビートたけしは、その時代の最後の人といわれています。

現代は明石家さんまに代表されるように、目の前の人を喜ばせるタイプでないと、コミュニティがつくれません。その喜ばせ方も、**単に笑わせるだけでなく、共感を呼び「この人と一緒にいたい」と思わせないと、成功には結び付かないでしょう。**

そのトップに立つのが本田健さんです。恐らく日本中どこに行って話しても、最高最大にして最新のコミュニティをつくれる人ではないでしょうか？

彼はとにかく目の前の人を、即座に喜ばせる話術と経験を持ち合わせています。またその幅も広く、さまざまな年齢の男女を引き寄せる力を持っています。

『20代にしておきたい17のこと』(大和書房)は2010年に第1刷が出ましたが、これまでに66刷(2018年4月10日)に到達しています。さらに10代から60代まで各冊が出ています。

本田さんの略歴を見ると、作家でも講演家でもありません。強いていうなら「お金の専門家」となっています。ところがこの「お金の専門家」という肩書は、本田さん以前にはありません。

お金の専門家は、大学の経済学博士でなく、男女に関係なく、10代の少年でも、なろうと思いさえすればなれるのです。10代で早くも舞台に上がっている少年事業家もいますし、女性でも何人も出てきました。このように、従来の古い舞台ではなく、まったく新しい舞台をつくることもできるのです。

誰がどのようなことに喜んでくれるのか?　をじっくり考えるのです。

小さな舞台でもいいから、思いきって立ってみませんか?

見せ方次第で自分を高く売り込める

ACTION

自分をうまく演出し、大きく見せよう。

これまでの起業には、ある程度の金がかかりました。最低でも100万円の資本金が必要でした。ところがいまは、ネット上にお客様を限定すれば、これほどの金は要りません。それこそ1円で会社がつくれる理由です。自分1人の労働力さえあれば、あとはパソコンがやってくれる、というわけです。

これまでの日本の産業では真ん中に取り次ぎ業というものが入っていました。広告を1本出すにしても、そこには代理店、エージェンシーが入っています。しかし近頃はこの中間業務が弱くなり、企業同士が直接話し合い、マージンを極力減らそうとしています。もちろん、それができる業種と、むずかしい業種とがありますが、次第に必要なくなり始めているのが実情です。

ネット上で1つの組織をつくるだけで、つくった本人が、舞台上の主役になれます。仮に私がネット上で「何か記録をつくった人、あるいはすでに持っている人いませんか?」という問いかけをしたとしましょう。私自身は――

(1)87歳で起業記録を持つ
(2)88歳で1日6時間睡眠
(3)88歳で最大の女性ファンを持つ
(4)88歳で毎日Facebookとブログを更新
(5)88歳で身体のどこにもメスは入っていない
(6)87歳で年間3冊の著作を出版

こういったアピールをすることができます。もしかすると、これであちこちに売り込みを開始すれば、本や雑誌、テレビの出演依頼が舞い込むかもしれません。

私は元々マスコミの人間ですから、売り込む要領を知っています。すると「売り込み方」をここに加えてもいいかもしれません。**「名前なし、金なし、知り合いなし」でも、つまらない少々の記録だけでも、仕事になるかもしれないのです。**

不思議なもので、私たちは個人の名刺をいただいたときは、小さなことを考えます。何かやれそうだ、と思っても個人ですから、せいぜい1回の講演なり、よくいって1冊の本になるくらいです。

ところが個人でも、**会社風な名刺、たとえば「事務所」や「企画」となっていると、誰か手伝う人がいるように錯覚するものです。**おまけにその住所が「何々県何々村」ではなく「千代田区麹町」などとなっていたら、仕事を頼まないと損をする気になるものです。

ここが面白いところで、**個人でも、仕事をいただける名刺に切り換えることは不可能ではありません。**最低でも3種類の名刺をつくって、それをバラまいてみましょう。

自分の名前を売り込むには、さまざまな方法があります。私の知っている男は、名前の異なるFacebookを3つ持ち、その他ブログ、メルマガなどを開いて、自分で自分をほめています。これで注目を浴びているそうですから、やり方次第なのです。

第6章

舞台に立ったときの振る舞い

トクを取らせないと、人は集まらない

ACTION

相手にどんなトクを与えられるか考えよう。

勉強したい、そして成功したいという欲望が高まると、人々は個人に戻るといいます。

大勢で旗を振っていたのでは、個人のメリットはどこかに吹き飛んでしまいます。どんなに個人的に才能があっても、それは大勢の集団の中では意味をなしません。

かつて日本社会党がうまくいかなかったのは、人々を集団として取り扱ってきたからです。共産主義にしても別の党にしても、メーデーのように人々を「ワンオブゼム」にする集会は、食うに困ったときだけ広がりを持つのであって、集団的目的がなくなれば、急速に力を落とします。

いまの時代は、まさに個人が成功を求める社会になってきました。

こうなると、どんな目的であっても、単に集団で何かをするだけでは、なかなか人は集まりません。運動会でも敬老会でも、会社の温泉旅行でも、個人的なトクはほとんどないので、誰も積極的に参加しようとは思いません。

そこで先輩たちは「もうお金に困らない」をテーマに、最初は舞台に上がったのです。もしかすると先輩国、アメリカがそうだったのかもしれません。

これは生活に困っていた人々にとって、最高のテーマでした。またたく間に、大きな集まりとなっていきました。そしてこれらの中から成功する人たちが続出し、大きなうねりになっていったのです。

最初のリーダーは竹田和平(わへい)さん、本田健さんらでしたが、いまでは有名なリーダーが毎日、大活躍しています。彼らは、最初に人々の心に灯を点けました。

私はいまから30年ほど前、初めて『女がわからないでメシが食えるか』(サンマーク出版)という1冊を出しました。その後、このシリーズの中で「21世紀はセミナーの時代が来る」と書いています。

ところが書いた張本人の私自身、なぜセミナーの時代が来るかが、まったくわかっていませんでした。アメリカの友人から聞いた情報でしたが、「アメリカは国民の数に比して大学の数が少ないため、勉強時代が来るのか」などと思っていたくらいです。

まったく時代が読めていませんでした。もしわかっていたら、まっ先にアメリカに行き、現在の波頭の先端に立っていたかもしれません。これは私自身の失敗例ですが、この本を読む人たちにぜひ望むことは、**白い波頭が海の向こうから見えてきたら、その原因をさぐり、できればその先頭で波に乗ることです。**私はこのときの失敗も兼ねて、その後、自分の年齢を一切考えずに、新しいことに挑戦してきたつもりです。

人はトクを取りたいのです。私もあなたもトクを取りたい！

では現在、**あなたは人にどんなトクを与えられるのか？**　それぞれ専門があるでしょうから、そこを考えてみてください。

私は女性の専門家なので、女性にトクを取らせることだけは、人に負けません。

何のために大金を儲けるのか?

ACTION

金儲けではなく、
人を感動させよう。

自分が有名になる、あるいは成功する、という夢を描きましょう。成功者のほぼ全員は、この夢を描いています。

ただ、成功者が私たちとちょっと違うのは、**すぐれた人たちは「そうなる」「そうなりたい」ではなく「そうなった結果」まで考える点です。**

わかりやすくいうと「金持ちになる」ではなく「その金をどう使う」「使った結果、どうなる」と考えるのです。

だから大金が必要だ、そのためには「成功しなければならぬ」と、逆に考える人もいるといいます。

メンターはそうあるべきものです。単に「こうやったら金が儲かる」というのでは、師にすべき人ではありません。またそういう人の話を聞いていたのでは、一生、舞台に上がることはできないでしょう。

舞台に上がれる人は、ただ感心させるのではなく、感動を与える人でなければなりません。単なる億万長者なら1000人に1人はいるような社会です。ただし自分自身が億万長者、という人はそう多くありません。

ほとんどは親の財産であり、そう簡単に使えるわけではないでしょう。そんな人が舞台に上がったとしても、人々を感動させることはできません。

戦国時代に明智光秀という大名がいました。非常に頭の切れる武将でしたが、織田信長に叱られたことで下克上を行ない、信長を京都本能寺で殺してしまいました。

この事件は現在でも、明智光秀を擁護する説が出ませんが、それは光秀に信長を殺さなければならない大義名分がなかったからです。つまり、人々を感動させる行動も考えもなかったのです。

ここが、明智光秀の最大の弱点でした。信長を殺したことで民衆が助かったとすれば、光秀のその後は、もっと違った結果になったはずです。このことは、いまの私たちでも同じです。

日産自動車を震撼（しんかん）させたカルロス・ゴーン元会長の事件もそうでした。ゴーン氏にあれだけの大金を必要とする大義名分があったら、フランス人もルノーも、違った反応を示したはずです。

ところが自分の姉のために年間1千万円をくすねたり、脱税した金で、あちこちに自分のための別荘をつくっていたのであれば、彼が死ぬまで、いや死んだあとも、汚名がつづくでしょう。

ゴーン氏に限らず、舞台で失脚する人々は少なくありません。劇場化社会では、それらの人々に対して、むしろ観客は失笑、嘲笑するでしょう。

少なくともテレビに出演する人たちは、怒りの対象になったり、笑い者になってはなりません。また政治家も同じでしょう。

講演やセミナーにルールはない！

ACTION

ほかの人や技術を活用して、セミナーを開こう

一部の人は、いま最高に人気の講師のところに行きさえすれば、うまくいくように錯覚しています。しかしその話がどんなにすばらしく感動を得たとしても、残念ながらその話を本人に無断で、勝手に使うわけにはいきません。

では話を聞くのはムダかというと、そんなことはありません。**何度も何度も話を聞くうちに、その本質、真髄（しんずい）をつかむことができるからです。**

このとき、「それを自分だけで使うのはソンですよ」というのが私の考えであり、そこか

らヒントを得て、自分流のセールスポイントをつくることが重要です。

一例を挙げれば、ワークショップを組み入れるだけで、一気にセミナーらしくなります。

たとえば文章講座があるとします。このときワークショップを入れて、エッセイを書かせたとしましょう。

ふつうの講座であれば、そこで簡単なものができるだけで参加者は満足するようですが、もしその文章を、専門家に見せて手を入れてもらったら、ほかの講座では得られないトクを得たことになります。

セミナーというものは「こうしなければいけない」という、ルールがあるわけではありません。誰も考えていないセミナーなのですが、私はできるだけ早く、次のようなセミナーを開催したいと思っています。それは吉藤オリィさんのつくった、分身ロボットを使ったセミナーです。

いま話題を呼んでいる『サイボーグ時代』（きずな出版）という本を読むとびっくりしますが、自分の分身ができるというのです。仮に私が講師だとして、出張先からでも、講義ができることになります。私の思うように、分身ロボットが動いてくれるからです。

これは一例ですが、セミナーだからといって、ほかの講師と同じようなことをする必要は、まったくないのです。自分は何かの講義ができなくても、セミナーや講演会を主宰することが可能になるのです。ロボットで舞台や演壇に立てるのです。自分に特別な才能、能力がなくても、舞台で話題の人になることも不可能ではありません。

いずれにせよ、何人かでセミナー研究会をつくり、一体何ができるか、どういうトクを出席者に与えられるか、勉強会を開いたらどうでしょう？

1人ずつ役割分担をすればいいのです。私も加わってみたいと思っています。どなたか手を挙げませんか？

話し方教室よりも役に立つ「インプロ」

ACTION
即興劇の手法を学び、相手に感動を与えよう。

話し方の下手な人は、よく話し方教室に通います。しかし話し方教室に通ったからといって、舞台に立って堂々と話せるかというと、それはムリです。

基本的に話し方教室で教えてくれる技術は、相手に合づちを打つ力や、あがってしまって、何を話していいのか、わからない人へのものなのです。

たとえ小さな教室の壇上に立つにしても、それは1対何人かになり、この形式での話し方になると、ふつうの1対1の対話と、まったく異なるからです。

ここで必要になるのは「**感動**」です。「**感心させる力**」といっていいでしょう。そうなると、いくつかのエピソードを持っていなければなりません。もしかすると、ジェスチャー入りで話したほうが、感動を呼ぶかもしれません。

感動のテクニックを学ぶとしたら「インプロ」に通うのが早道です。インプロとはImprovisation（インプロヴィゼーション）の略で「即興」という意味です。台本なしでその場で創作するというもので、俳優のトレーニングとして開発されたものです。

これだと口から出る言葉だけでなく、身体も動かせるので、観客を引き込む確率が高くなります。ダンスの表現手段の1つとして、いまは非常に注目されていますが、欧米人より日本人は身体の動きが小さいので、大観衆の前ではソンしていることになります。

たとえば舞台の上で、最初は真ん中で話をし、途中から右側に移動して語りかけ、さらに左に大きく移って、そちらの客に語りかける話法があります。これはまさに、インプロが欧米で発達したことによっています。

国連では、中心のテーブルにいて話す方式と、このインプロ話法で、観客に語りかける方法の2種類がありますが、できればこのインプロ話法をマスターしましょう。

日本の漫才はもともと2人芸として発達してきましたが、最近はピン芸人という言葉で呼ばれるように、1人で舞台上を行ったり来たりして笑わせています。

この舞台上の表現を勉強してみましょう。ただゲラゲラ笑っているだけでは、観客の1人です。そうではなく、**表現者として学んでいくのです。**

すると大勢の芸人の中から、自分でも真似できそうな芸人が浮かび上がってきます。その人を徹底的に真似していくのです。こうすることで話の内容を面白そうに見せることができます。

絹川友梨（きぬがわゆり）さんには何冊ものインプロ関係の本がありますが、日本のパイオニアといっていいでしょう。舞台で働くと考えた以上、そこで多くの観客を集め、感動させることが大切です。それだけに、やるからには徹底的に学び、実行してみましょう。

パソコンとスマホを使いこなせ!

ACTION

最新のテクノロジーを、自分の武器にしよう。

私たちは、どういう形の勉強を望んでいるのでしょうか?　以前であれば学校の勉強だけで、社会を渡っていけたものです。それは働く期間が約40年間であり、多くの企業は終身雇用制だったからです。

このように決まっていれば、サラリーマンの道を進んだ男女は、別に他の勉強をする必要はありませんでした。だからいまの70歳以上の男たちは、家に帰りたくなければ、毎晩のようにマージャンをやっていたのです。

マージャンは4人で打つ遊びです。碁と将棋などは2人。競馬、競輪、パチンコは1人で遊べます。これは何を意味するかというと、4人が毎晩のようにそろうということは、いかにラクな時代だったかを証明しています。マージャン時代の男たちの多くは、あまりビジネスのことがわからない、といってもかまいません。2人でできる碁、将棋の上手な男たちは、ビジネス人として、相当レベルが上です。

そしていま、IT時代になってくると、パソコン、スマートフォンが最先端の遊びになってきました。いや、遊びとビジネスを兼ねた道具、正確にいうと、**パソコンやスマホは遊びとサイドビジネスと本業の3種類を兼ねた道具になったのです。**つまり、ここに「遊びとお金と出世」の種子が、ぎっしり詰まっているといえるでしょう。

極論すれば、これまで成績の上がらなかったビジネスマン、セールスマンたちは、これらのツールを使って大成功する可能性も高いのです。

舞台に上がったとして、そこにいるのは講師になったあなた1人ではありません。パソコンという有力な仲間がいるのです。

自分が話したい内容を、パソコンがズラリと並べてくれるのです。講師は1項目ずつ、それをなぞっていけばいいのです。何という強力な仲間でしょう！　パソコンとスマホを味方につけたら、素人のあなたでも、一人前に話すことができるのです。

勉強する側も若くなればなるほど、遊びが欲しくなります。だからセミナーの途中で5分～10分ほど、隣の人と話す時間をつくるのですが、そのうちこの時間も変わるかもしれません。ロボットの発達で、もっと効果的な時間にすることも可能になってきたからです。

それらは若い世代ほど得意とするところです。**新しい方法を組み入れれば入れるほど、若い世代が勉強に参加します。**彼らはいくら勉強してもし足りないくらい、勉強に飢えています。それもラクに暮らせるテクニックを知りたいのです。

ラクに暮らせるテクニックのテーマとは「**お金とお相手**」です。この2つの宝石を手に入れるためには、いろいろと勉強しなければなりません。できればこの2つのテーマを追求していくことが、次の時代に成功するカギになると思います。

なぜ細身のパンツがつづくのか？

ACTION
トップスよりも、ボトムに心を配ろう。

このところ男の細身のパンツの流行がつづいています。もう大分たつのではないでしょうか？　ではなぜ上に着るものより、下にはくパンツに目がいくのでしょうか？

実はこれは、人々が「大勢の人に与える自分の印象を重視するようになってきた」ということの表れなのです。

街を見回しても、男女2人で歩いている人より、グループで騒いでいる人たちのほうが多そうです。これは情報化社会の特性で、**なるべく新しい「トク情報」を知りたいので、2**

人でいるよりグループのほうが有利だからです。

こうなると、男女とも顔をつき合わせるわけではないので、次第に上半身から、下半身に興味が移っていくのです。

上半身、特に顔回りの印象は、トップスにその流行が表れます。トップスの印象を変える男女は、「いま好きな人がいる」と見られます。それに対して、**ボトムは印象を整え、大勢の人々に印象づける効果があります。**実際、ボトムに気を使わない人は、若い男女たちにモテないでしょう。

テレビを見ていても、トップスがステキな男女俳優は、個々の観客がファンになっていきます。これに対してボトム派は、集団から好感を抱かれるのです。たとえば「20代の男女に人気」とか「中年女性にファンが多い」となるのです。

このことは舞台に登る人にとって、非常に大事なところです。私の見るところ、潜在意識の第一人者、井上裕之さんのボトムは最高です。多くの人を惹きつける、という点では、日本一ではないでしょうか？

井上さんの本職は歯科医ですが、講演、セミナー講師として、大勢の前に立つべく生まれついていることは、歴然としています。

たとえば、電車を待つ男たちに注目してみましょう。顔はこの際外して、ボトムだけでもかまいません。もちろんトップスを加えて、全身を見てもいいでしょう。このとき、「ああ、この人は大勢の前に立てるな！」

という目で見るのです。**大勢の中の1人を見る経験を積むと、どういうタイプが舞台に上がって、大拍手を受けるかが、わかってきます。**

逆にいうならば、自分自身がそうなればいいのです。多くの人は「自分には教養がない」「話題がない」「自信がない」と、できない理由を3点挙げますが、仮にそれらがあっても、舞台には上がれません。

ボトム、つまり大勢の人の前に立てるスタイルと、下半身の自信がなければ、舞台には立てないのです。

細身のパンツだからいい、ということではなく、ボトムに自信をつければ、自ずと大勢の観衆の前に立てるのです。これは年齢とは関係ありません。いますぐ、ボトムに自信をつけましょう。

効果的な舞台の使い方

ACTION

舞台を大きく使い、
自分を演出しよう。

人間には天性、「学ぶタイプ」と「教えるタイプ」がいます。「ライトを浴びるタイプ」もいるものです。

これらは性格の差ですが、後者は人より1段でも上に立つと、急にイキイキするものです。教師として教壇にいて、学生を指名して黒板の前に立たせると、よくわかります。急に教師らしくなる学生もいるのです。

これは頭の回転のよさともつながりますが、もう1つ、上から話すのがうれしいタイプなのです。勉強の実力差ではありません。大谷由里子さん主催の「講師オーディション」を見ていると、ライトを浴びると急にイキイキするタイプと、突然、言葉に詰まって立ち往生するタイプがいます。

舞台に出たことのない人にはわかりませんが、舞台上のライトが、天井から一直線に講師に当たると、聴衆の姿はまったく見えなくなります。

講師は目の前の席の人々に話しかけようとして登壇するのですが、肝心の聴衆は、1人も見えません。ただまっ暗な中で、1人で話さなければならなくなるのです。こういう経験もしておいて悪いことはないでしょう。

ただ、いろいろなケースで、すでに大舞台に上がっている若者も多いので、私がいう前にすでに経験済みかもしれません。これだけは学歴と何の関係もなく、有名大学を出ているから落ち着いているとはいい切れません。

むしろ、度胸があるかないかですから、飲食ビジネスなど、立ったままの仕事をしている人のほうがうまいともいえます。

私の経験では、日常、机の前に座って仕事をしている人ほど、座ったままの話が上手で

す。反対に立って仕事をする人、顧客先に歩いて行く人たちは、脚を使っているので、舞台上では話しやすいことも考えられます。

先にも少し書きましたが、**講師はまず中央で話し、それからおもむろに右に移動して、そちら側の客に向かって話し、次に左に移動して、そちら側の席の客に話しかけ、それから中央に戻る、というルールがある**と聞きました。たしかに大きな会場では、そういう話し方が必要でしょう。

歌手の松田聖子さんは毎年、全国でリサイタルを行なっていますが、まさにその通りです。彼女の場合はリサイタルの最後の時間に近くなると、舞台を駆け出して右に行って手を振り、今度は左に走っていって手を振りつつ別れを惜しむというスタイルをつづけていますが、これが非常に効果的です。

いま最高に人気のサザンオールスターズ、桑田佳祐さんの舞台も似ています。舞台をより大きく見せるテクニックを持っていますが、講演、セミナーでも、テーマによっては、講師自身が動くほうが、ダイナミックに見えます。

内容がイマイチでも、舞台をうまく使うことによってリカバリーできることもあります。

第7章

劇場化社会における男と女

女性のほうが勉強家になってきた!

ACTION

異性への魅力を高めるためにも、
自ら動き出そう。

しばらく前から、結婚組数が減ってきています。これが少子化とからんできているのですが、なぜこれほども結婚したがらなくなってきたのでしょうか?

実際には、人々が結婚したくないわけではありません。それがわかるのは、結婚相談所に登録している数は、ある程度あるからです。

ただ実際お見合いをした結果、女性のほうが気に入らない数が多いようです。これは男女の希望条件が違ってきているということでしょう。

もしかすると女性は直観的に、劇場化社会になりつつあるのを、感じているのではないかと思うのです。

「この男性と結婚しても、いいことなさそうだ」

という直観力が働くのかもしれません。

これまでだったら、企業に就職していれば結婚対象になったものが、そうではなくなってきたのです。それより男性自身を見る目が強くなってきたのかもしれません。

下手をすると、40代で早期退職を強制させられるタイプではないか？ ほかの男性たちが活発に行動しているのに、この男性はのんびりし過ぎている……など、結婚したとしても、離婚したくなってしまうかもという不安が強いのではないでしょうか？

それというのも、私の経験では、女性のほうがセミナー、講演会、勉強会に活発に参加していると感じるからです。**明らかに女性も舞台に立ちたいと願っているのです。**

これまでは講演会の登壇者といえば、男性の成功者ばかりでした。聴衆も男性が多く、大企業の経営者や有名評論家の話を聴きに行く壮年の方が多かったのです。

ところがセミナー、ワークショップ全盛の今日では、若い男女が圧倒的にふえてきました。

彼らは単に成功談を聴きに行くのではなく、自分が成功するために参加するのです。しっかり勉強している女性にとって、お見合い相手の男性が何もしていないとしたら、結婚をためらって当然といえるでしょう。

明らかに近頃の離婚は、女性側からの申し出が多くなってきました。というのも、共働き夫婦の中には、夫より妻のほうが稼ぎの多いケースが、ふえてきたからです。

そしてそれを未婚の女性たちが見ているのです。これまでであれば、職域内の離婚のケースを参考にしていたものが、いまではセミナー会場での離婚話が、ケーススタディになっているのです。

女性の知識が広がってきたのと、結婚相手の男性のレベルにも、変化が起こってきたのです。それだけ女性の目がきびしくなり、不勉強の男性では太刀打ちできません。これが結婚しない女性がふえた原因とも考えられるのです。

女性が男性を選ぶ時代になっている

ACTION

「美賢女」たちに習い、自らを高めつづけよう。

東京の場合ですが、以前であればマイホームを持つ新婚生活が憧れでした。そのため通勤に1時間半くらいかかっても、都下の市部にマンションを買う夫婦が多かったものです。これが現在ではまったく反対となっています。職場からできるだけ近い距離のマンションを借りる形になっています。

所有する観念が少なくなってきたのです。その代わり「現金で持つ」「株で持つ」タイプが多くなってきました。このことは女性の結婚観念、家庭観念が大きく変化したということとで、男性の選び方にも、大きな影響が出ています。

一例を挙げると、女性たちはこんな男性観を持っているのではないでしょうか？
◎職場から遠くに住みたい男性は将来性がない
◎小遣いを勉強に使わない男性は見込みがない
◎「くたびれた」を連発する男性は離婚対象
◎妻を家の中に閉じこめたがる夫は離婚対象
◎職場の上司を悪くいう男性は落ちていく
もう一歩進んで考えると、妻のほうが地位も収入も上というケースも、これからはふえつづけることが考えられます。**女性に学ぶ姿勢を持っていないと、男のほうが切り捨てられることになりかねません。**

女性は非常にカンが鋭く、もしかすると社会の変化を見抜く力が男性より強いかもしれません。子どもをつくらないということも、「この男性との間で子どもができると、将来危ないな」と離婚を見通しているのかもしれません。

少し前に「美魔女」という言葉がはやりましたが、いまは「**美賢女**」となっています。このことを知らないと、将来の舞台に立つのは美賢女のほうで、男性は舞台の隅にも上がれない危険性もあるのです。

女性たちがいつまでも「若さと美しさ」を手に入れたがるのは、家の中に閉じこもることを考えていないからです。ほかのいい男をさがしているのかもしれませんし、美賢女の自分を高く評価してくれるコミュニティに入る気なのかもしれません。どちらにせよ、自分を家の中に閉じこめている気でないことはたしかです。

四年制大学に女性が行くようになって、50年近くになります。美智子皇后が聖心女子大を卒えられているというので、進学率が伸びたのです。

もう女性は男性から選ばれる立場ではなく、選ぶ立場に立っているのです。それだけに、女性がこの人を選んでよかった、と思うような考えと行動力を、男性は持っていなければなりません。そうでなければ、これからの社会を渡っていけません。

実学にプラスの人脈を広げる

ACTION

舞台に上がるために、
実学を学ぼう。

現在、多くの人々が求めているものは「人脈」といっていいでしょう。仲間といってもいいかもしれません。人間は1人で生まれているために、必ず仲間を欲しがります。

以前であれば学校友だちがいましたが、いまは遠く離れてしまうので、ほとんど離ればなれになっています。

そこで異性の友だちが必要になってくるのですが、父母の時代と違って、異性の友だちとすぐ結婚する、という男女は、ほとんどいないでしょう。**ここが重要な点ですが、結婚**

が人生の目標ではなくなってしまったからです。

むしろ結婚したり子どもができたりしては、人生の目標に狂いが生じてしまいます。仮に結婚しても、いつ離婚してもいいように、子どもはつくらないという人もいます。女性にも自分自身の目標があり、自分の力で成功したいのです。若いうちから夫や子どもがいては、人生行路に狂いが生じてしまいます。

いま勉強会に行ってみると、およそ半分は女性です。講座によっては女性のほうが多いこともあります。それは基本的に女性のほうが、人脈の少ない人生を送ってきたからで、いわば社会的人生を知らなかったといっていいでしょう。

そのため、常に積極的に人脈を広げたいと思ってしまいます。その点、男性より優秀です。その優秀さは直感力、直観力が鋭いからでしょう。

極論するならば、結婚相手をさがす嗅覚と同じように、自分のメンターをさがす能力に優れています。**将来的にいえば、劇場化社会では、女性のほうが成功する確率は高いように思えます。**

私は女性が勉強会で学んだ実学で、人生を切り拓いていくことを望んでいます。なぜなら女性が実力や財産を備えれば、それにふさわしい結婚相手が出てくるからです。反対に早くから結婚相手を見つけていたら、自分に何もないだけに、レベルの低い相手とつながってしまいます。これほど不幸、不運なことはありません。

いまはそういう時代ではありません。女性も社会で結婚相手をさがさなければ、いつなんどき不幸に襲われるかわかりません。

そのことを知っている女性たちが、実学を学びに勉強会に参加しているのです。いい加減な気持ちで勉強会に参加しているようでは、一生を棒に振ってしまうでしょう。

劇場化社会とは、舞台に上がった人たちだけが成功する社会、ということです。観客でいたら、いつまでもチケット代を払うだけで、一文のトクにもなりません。

それではバカバカしいと思いませんか？　勉強とは舞台に上がるためのもので、その点女性のほうが、その気持ちは強いかもしれません。

女性のほうが会費をただ払うだけでは「ソン」と考え、うまく活用しようと考える人が多い傾向があるように感じます。これは男性も、見習うべき姿勢でしょう。

もっと自由な新しい男女関係のあり方

ACTION

既存の枠にとらわれず、新しい夫婦の形も検討しよう。

近頃は夫婦の関係も少しずつ変わっています。

そこで、**愛のある結婚は一旦脇に置いて、新しい男女関係を築くのはどうでしょうか？** ゆったりとした生活を共同で築くのです。性生活は二の次にして、生活を豊かにするための協力を最優先にするのです。独り暮らしをしている人は大勢いるでしょうが、やはり男女ともに不便ではありませんか？

朝日新聞がスタートした「Meeting Terrace」は、40代以上の男女に向けた「出会いの場」

を提供するサービスです。お堅い新聞社にしては珍しい――

（1）一般的な結婚

（2）事実婚

（3）週末婚

を目的としています。さらに「結婚だけではない自由な形のパートナー探し」まで加えているとなると「フリーセックスＯＫ」といわんばかりです。

そうです。現代はセックスをするために結婚するような男女は、少ないでしょう。とはいえ、多くの男性が女性を、女性が男性を求めているのはたしかです。そこで自由な形のパートナーを探し、共に富裕層を目指すとすれば、これは最高のカップルになるのではないでしょうか？

愛情を優先させる場合と、収入増や一緒に起業を目指す場合とでは、男性も女性も、選ぶ相手の立場や性格が大きく違って当然です。

極端にいえば、女性は料理や掃除ができなくても構いませんし、男性も少しばかりいい加減でも、夜遅く帰ってきても、何の問題もありません。そんなことは、お互いのルールから外しておけばいいのです。

もちろん、「自分にはそんな生活はムリ」というのであれば、しなければいいのであって、ムリに新しい形式を求める必要はないでしょう。

ただ、これからの社会では「**こういう自由な形のパートナー関係が当たり前になる**」ことだけは知っておくべきです。大新聞がそこまで踏み込んでいるということは、すでにそういう社会になっていることを表しています。

ただ「自由な形」の中でも、2人が力を合わせて舞台に上がるとするならば、1人で動き回るより、はるかに可能性は高まるでしょう。

いま大活躍中のメンターたちの多くは、夫婦が力を合わせて舞台を広げています。その意味では、女性が現在の社会状況を、しっかり把握しているということでしょう。

「私にはムリ。私にはできない」という言葉を禁句にしないと、結婚してもしなくても、そのタイプの女性は、苦しい生活をつづけることになるでしょう。

女性こそ人生の選択肢が多くなる

ACTION

従来の生き方にとらわれず、
異性を圧倒していこう。

これからの女性は、生き方が次第にむずかしくなります。というのも、生きる道が非常に多様化してきたからです。

かつて昭和の時代は、20代の前半で結婚する人がほとんどでした。それこそ結婚率95%以上という年もあったほどです。

これによって、夫に自分の未来を預けてしまったのです。

ほぼ全員が、妻から母になる道を歩いたものですが、いまはそんな道を歩く人は少数派でしょう。仮に結婚しても自分も働くので、自分の運命は、本人が握っていることになります。

ところがこれからは、もう少し複雑です。

自分の運命は本人が握っているといっても、そこから先の人生だけでも、夫と2人で共同体となります。

さらには自分の生き方は自分で決める、夫に関係なく自分が舞台に登場する――といった具合に多様な運命をたどることになるのです。

私が女子大で教えていたとき、女子学生と一緒に調べたところでは、新しい女性の生き方には、70種類を超える人生行路が広がっていることがわかりました。

つまり女性の未来は、大きく広がっていくのです。その中で常に男性の後ろに隠れていた女性たちは、これから男性を従える形でリードしていくことになりそうです。

「男性を従えていくなんて、とんでもない！」

というなら、女性だけの集団をつくればいいのです。そうして男性を圧倒していくといいでしょう。それも10代から、そのつもりで男性群を圧倒するのです。

宝塚は少女歌劇で、男性の舞台を圧倒したのです。これは少女の頃から大舞台に出て、男性スターたちより人気を得た例ですが、いまの秋元康の「ＡＫＢ４８」も新しい形式の宝塚でしょう。

いまや、テレビのニュースにも、当たり前のように女性アナウンサーが出演する時代です。どんな形にせよ、舞台に上がれるのです。

男性よりすぐれている芸能、ファッションなどの分野では、早くからスターが生まれていきました。**今後、文学、語学など「言葉」の分野では、女性にとって活躍の舞台が広がるでしょう。**

また神、仏、スピリチュアルな分野では、男性を圧倒しています。もしそちら方面の能力があるようなら、絶対、家庭に閉じこもってはなりません。

これからは宇宙の時代です。

宇宙にはわからないものが、たくさんあります。ところが学者というのは先見力、未来力はありません。特に男性の学者はそんなことをやっていたら、学者仲間からバカにされてしまうのです。

宇宙人を見つけるのは、学者ではないでしょう。私は女性だと思っています。それほど女性の中には、何人ものスピリチュアルな力を持っている人がいるのです。

宇宙人というと、私たちの目に見える物体を想像してしまいますが、もしかすると形のない存在なのかもしれません。それらの最先端の知識、想像力、先見力を、大いにクローズアップしていってみましょう。

少数派になれるタイプが舞台に上がる

ACTION
お金をもらうのではなく、自ら稼ぐ方法を選ぼう。

この世の中は、1人では渡っていけません。必ず仲間がいます。仲間だけでなく、援助者もいるでしょう。プロダクションに入ったら、自分を売り出してくれる仲間がいます。いまはこの芸能プロダクションも、芸能人だけを扱っているわけではありません。むしろ文化人のほうが大事にされるところもあります。それこそ、占い師や講演家、YouTuberも加わっています。

これらはすべて少数派です。歌手や俳優、モデルも当然少数派です。**どんな人でも、こ**

の狭い道に入るのは決意が必要です。

広い道を大勢と一緒に歩くほうが、安心感があります。一例でいえば、男女とも独身（ソロ）で一生を過ごすのは勇気がいります。ほとんどの人は、一生の伴侶を求めて、お相手をさがすのがふつうです。

女性であれば、主婦となって家庭に入りたいし、男性であれば会社に入り、給料を毎月支払ってもらいたいのです。家庭で可愛がられている犬も猫も、毎日餌（えさ）をさがさなくても、生きていける道を選んだのです。

舞台に上がる人とは、一言でいうならば、餌を自分で探して生きていくタイプです。こういうと、イヤな感じがしますが、実際は才能のある人だけが、この道を歩けるのです。

もっと正確にいうなら、才能の抜きん出ている人ほど、黄金が稼げます。それも金の含有量75％の18金ではなく、純金の24金を、どっさり稼げるのです。

中にはそれを稼げるのに、勇気がないため、会社員から動けない人もいます。しかし、**これからは、会社員が安全な社会ではありません。**下積みの仕事は、外国からの労働者が奪っていくからです。

その点、女性の生き方のほうが自由といえるかもしれません。これまでに会社内での基礎がない分、外で仕事を見つけなければならないからです。

私の友人にはカウンセラー、コンサルタント、モデル、女優、マナー講師と5つの仕事をしている女性がいますが、まさに舞台に上がった女性といえるでしょう。

仕事の種類によっては、男子より女子のほうが得意な分野があるだけに、グズグズしていると、男性社員たちは舞台に上がれなくなるかもしれません。

男という種族は、リーダーに率いられるのを喜ぶ傾向にあります。これが少数派になれない最大の理由といえるでしょう。

思い切ってリーダーの下から離れ、自分が1人で働くか、自分がリーダーになるか――二者択一の社会になってきたのです。

第8章

自分を知り、いますぐ行動へ

演出家兼カメラ兼主演俳優になる！

ACTION
普段いる場所を舞台化して、ネット上で発信しよう。

舞台化社会を一挙に広げたのは、アメリカのトランプ大統領だといえるでしょう。大統領という地位は庶民より一格も二格も上ですが、トランプ氏はあえて大統領という格式を捨てて、庶民的なTwitterで発言しはじめたのです。

つまり彼は庶民の1人から、舞台の主役になったわけです。これによりTwitterがクローズアップされることになりました。Twitterでフォロワーを大勢持っている人は、たちまちネット舞台上の人気者になった、といっていいかもしれません。

特に大きい舞台はネット上にあります。ネット上となると、何万人どころか何十万人でも、観客を集めることができます。

トランプ大統領のTwitterの観客は、天文学的数字になっているのではないでしょうか？圧倒的な主演男優といっていいかもしれません。

書斎も仕事場も舞台化することができます。これなら演出家兼カメラ兼主演俳優として、ネットの舞台に登場できます。特に女性は、この方式で有名になったらいいのではないか、と思うのです。外に出なくてもいいですし、何時に芝居を始めてもいいのですから。

私は毎晩、午前1時以降にFacebookで発信しています。無理なときには午前中に出しますが、たったこれだけで観客（ファン）がふえていきます。「いいね！」を押す人が１００人いるとすれば、読んだだけの人は、その5倍はいるかもしれません。

明らかにこれは、Facebookという劇場の観客です。**やる気があれば、誰でも主役を張れるのです。**

私は「櫻井のすべて」というオンラインサロンの会員に「私につづきなさい」といって、毎晩、会員の文章を添削しています。舞台監督と同じで、指導していくうちに、演技（文章）がどんどんうまくなっていくのです。

これは指導者さえよければ、誰でも脇役から主役になれるということです。つまり、いまや、時代は舞台化社会になったのだ、と思うことで、自分が違っていくのです。

多くの人は、現在を生きていきます。するとどうしても変化を怖がるため、いまの生活から脱出しようと思いません。自分の箱から抜け出すことができないのです。

箱から脱して、ファシリテーターとして大活躍している陶山浩徳（すやまひろのり）さんという方がいます。企業向けのコンサルタント、コーチングなどを行っているアービンジャー・インスティチュートによる『自分の小さな「箱」から脱出する方法』（大和書房）というベストセラーは、陶山さんによって広まりましたが、同時に彼も、大舞台に飛び出したのです。

ともかく、時代は常に変化しています。

これまでは古い社会のリーダーがいましたが、これからは新しい社会へのリーダーが必要になります。もしかするとその社会では、あなたがクローズアップされるかもしれないのです。思いきって、自分の日々を変化させてみませんか？

自由と豊かさに狙いを定める

ACTION

自由と豊かさを狙い、
オンラインサロンに挑戦してみよう。

私は現在、3つのオンラインサロンをスタートさせています。1つは「櫻井のすべて」、2つは「ごん×櫻井のモテモテ塾」、そして3つ目は最新の「穴口恵子と櫻井秀勲の『魔法大学』」です。

私は88歳ですから、50代、60代の積極的な時期と違い、自分で活発に飛び回れなくなりました。ふつうだとここで引退となるのでしょうが、私は違います。

自分が持っているもので、使える知識や知恵は全部、仲間や後輩に渡したいと思うのです。「櫻井のすべて」では知性と教養を渡し、「モテモテ塾」では、男女ともに異性の心をしっかりつかむ知識と情報を教え、「魔法大学」では、愛と仕事の魔術を教えたい。この大学は、穴口先生が魔法の専門家でもあるので、楽しいサロンになることでしょう。

オンラインサロンは、新しい舞台でもあります。仮に若い人がスタートさせても、年輩者と同じ条件の舞台に立てるのです。

そして面白いのが、**舞台の大きさは当人が決めることになる**点です。どんなに有名な人でも、スタートしてみたら会員が集まらないこともあり、わずか1週間か10日で中止、ということもありえます。

反対に若い無名の男女であっても、賛同者が多ければ、一挙に会員がふえて、サロンが盛んになることもあるでしょう。いま現在、DMMなどいくつかオンラインサロンのプラットフォームがありますが、別にそこを使わなくても、自前でも可能です。

舞台に上がるというと、怖けづく人もいるでしょうが、このオンラインサロンは、基本がWeb上での集まりなので、直接顔を見せないでも可能といえば可能です。

ただ誰でも成功するかというと、それはありません。よほどの特技、得意分野を持っていないと、長くつづかないでしょう。しかしそれを逆にいえば、**得意分野を持っていれば若くても十分可能です。**それこそスタートして1ヵ月で、舞台上で、人気者になれるかもしれません。

最近は45～50歳くらいの中年のビジネスマンが会社を辞めて、自由な大地で活発に活躍しはじめています。無名から有名への道をたどりはじめているのです。

これらの人たちの中には、お金の専門家になって、成功している人もいます。以前であれば、それはなかなかむずかしかったものです。

ところがお金というものは、若いうちから投資をつづければ、中年になる頃には、自分流の金儲け術がりっぱにでき上がるものです。あとはそれを話していくだけで、多くのファンを獲得することも可能です。

これからの社会は、名誉と社会的地位が目標ではなくなります。そんなものより、実質的な自由さと豊かさのほうが、はるかに大事です。ここに狙いを定めましょう。

勉強を飛ばして一足跳びに経営者

ACTION

失敗のリスクを恐れず、自ら学び、チャレンジしよう。

ある新聞に出ていた話ですが、高校3年生の進路指導で「経営者になりたい」と教師に話した生徒がいたそうです。そのとき教師は「鼻で笑った」とか。その顔を見て、生徒は海外への思いが強まったそうですが、みごとに2年後にマレーシアの首都クアラルンプールでシェアハウスを経営しています。

この教師の頭には、経営者とは「一流大学を出て一流企業に就職し、何十年間か勤めたあとの話」という認識がこびりついているのでしょう。

こういう古い固定観念に縛られているのは教師だけでなく、父親もそうかもしれません。いや、企業で働く人々も、似たような錯覚を持っています。というのは、「教育」と「経験」を最優先する古い体質が染みついているからです。

いまは教育も経験も、自分でできる時代です。中学校の教育も、2020年から「アクティブラーニング」が導入されます。極論すれば、古い教師など不要になります。子どもたちが主体性をもって経験し、判断し、学ぶことになるからです。

教育関係者によると、最近の日本の若者は、外国留学が減ったとか。それを嘆く声が聞こえますが、一方、東南アジア方面に行く若者は非常にふえています。彼らは大学院に留学せずに、高校卒業の学歴で、起業してしまいます。

それというのも、日本と異なり、あちらでは人口がふえているからです。インドでは数年後に中国の人口を抜いて、15億人に達するとか。そうなると、さまざまな業種で起業のチャンスができるでしょう。**若くしてビジネスの舞台に上がることが、十分可能です。**

よしんば失敗しても、金銭の価値が低いので、一生を棒にふることはないでしょう。**必要なのは勇気です。**この勇気は何歳でも、起業する人には必要欠くべからざるもので、20

代だから特大の勇気が要るわけではありません。

私は東京外国語大学の出身ですが、大正の時代から口ずさんでいる、東海林太郎の「流浪の旅」という歌があります。

昔の外語は専門学校だったので、語学を修めて諸外国に行く身の上だったのです。そして1回その土地に行ったら、日本に戻る気はないものとされました。

このくらいの気概を現代人が持っていたら、誰でもその土地で成功すると、私は思います。**これからの若者は故里とか母国という言葉とは、無縁になることでしょう。**

故里から人は都会に出てきていますし、日本にいなくても、いつでもどの国からでも、簡単に帰れるのです。

本を出せない人の共通点

ACTION
相手を感動させる分野を、自分のなかにつくろう。

自分の本を出したい人がふえています。ところがなかなか出ません。それには出版業界の問題もあるのですが、本人にも問題があるのです。

本を出せない人は「本を出したい」というだけで、「本を売りたい」「売ってみせる」という意気込みが感じられません。多くの著者候補は名刺代わりの1冊を出したいという気持ちが強く、次々に出して「著者」になるんだ、という人が少ないのです。

いまの時代は、毎日毎日、新刊が何百冊も出版されており、仮に出したとしても、書店側が「これは売れない」と判断したら、店のどこに置かれるか見当もつきません。いまや、本という商品は、買い手がその商品を指定して買わないことには売れないのです。出版社側はまったく無名の人の本を出すことができない状態になっています。

本を出したいと考えている人は、ここをしっかり心得ておかなくてはなりません。**本を出すということは、舞台にその芝居をかける、ということです。**書き手は脚本家にならなければなりません。いかにその脚本を面白くするか、感動を与えるか、トクをさせるかに、全力を注がなければならないのです。

ということは、書く本人の半生が、そういうものでなければ、誰も芝居を観に来てくれません。

（1）女性客の涙でハンカチが1枚では足りない
（2）怒りで、ぶるぶる震える
（3）あまりのおかしさに椅子から転げ落ちる
（4）こんな方法があるなら、いますぐ駆けつけたい
（5）いますぐこの著者の弟子になりたい

こういった感動があれば、劇場は超満員になるでしょう。つまり劇場を揺るがすほどの人生を、自分自身につくっていかなければなりません。

本田健さんの『ユダヤ人大富豪の教え』(大和書房)は、それほどの感激を生み出したはずです。村上春樹さんの作品も感動を呼んでいます。それは単にフィクションだからではなく、その中に本当の自分が潜んでいるからです。

このことは反対にいえば、ただつまらない人生を送ってきた人は、舞台に立てないということです。**ともかく人を感動させる得意の分野を1つは持たないと、誰も劇場に観に来てはもらえないのです。**

女性であれば、少額の金儲けでもいいでしょう。その代わり、それを継続し、1つの手法まで高めなければなりません。あるいは料理でも、みんながその料理法を知りたい、栄養法を知りたい、あるいはやせ方を教えるというものでなければ、注目されないでしょう。

かつて『やせたい人は食べなさい』(祥伝社)という大ベストセラーがありましたが、これは鈴木その子さんの渾身の自己体験でした。

ともかく「自分を売る」のです。売る商品をつくるのです。全裸になるのです。

実力には3種類ある

ACTION

自分の実力の種類を、把握しておこう。


会社に入った社員は、自分の実力をよく知っています。同期生がいれば、その人とほぼ同じでしょう。それだけに同期生を追い抜くことが、1つの目標になります。

ところが最近は、同期生であっても給与が同じとはかぎりません。実力主義になってきたからです。

この実力主義には、実は3種類あります。

1つは「**自分が独力でやっていける実力**」です。自分自身の腕前、技術といっていいかもしれません。

2つ目は「**協業、共同してやっていく実力**」です。自分だけではムリだが、あの人と組んだら実力を発揮する、というタイプです。

3つ目は自分が働くのではなく、「**他人（ＩＴを含む）を働かせて成績を上げる実力**」です。これをわかりやすくいえば「お金に働かせる」ケースも含みます。

およそこの順番に発展してきた、といえるでしょう。しかし人にはそれぞれ異なる能力が備わっているだけに、どれがいいと、一概にはいえません。

私は１と２の実力派でしょうか？　３つ目のＩＴやお金に働かせるのは苦手です。この分類法は櫻井式であって、人それぞれに分類の仕方があって当然です。

問題は、自分の真の実力を知ることです。それを中途半端にして、舞台に上がろうとすると、大失敗するでしょう。たとえばまだ学びの途中にもかかわらず、もう教える側に立てると、カン違いする場合もあります。

一番多いのは「メモの活用」です。自分の経験ではないものを、そのまま使ってしまう人がいるのです。このために一生懸命、いろいろな講師のセミナーに出て、情報と知識を集めるのです。

もちろん、講師の中には「どうぞ、ご自由にお使いください」という人もいます。心の広いタイプですが、たしかにそれが可能なケースもあります。

マツダミヒロさんは質問家ですから「質問」そのものは誰にも使えます。このケースはいいのですが、「大金を稼ぐ法」となると、そうはいきません。そこまで稼いでいないのに、その方法を使うのですから、トラブルにならないともかぎりません。

私の「女性の口説き方」を使っている人も、何人かいます。これも方法論ですから、使っていただいて、何の問題もありませんが、それを悪用するとなると別問題です。

いずれにせよ、**そのテーマに対して、自分の実力をよく知ること。自分の体験と、読んだり聴いたりした知識と、はっきり分けることが大事です。**

実力というものは、年齢が上だから備わっている、というものではありません。若くしてズバ抜けた才能の持ち主もいるのです。また会社に入らなくても、能力を貯えられる人も少なくありません。しっかりと実力のレベルを知って、稼ぐことです。

どうやって名前を売っていくか?

ACTION

小さくてもいいから、まずは人を誘ってみよう。

講演、セミナーは元々、講師派遣業のビジネスでした。ここでは全国の都道府県関係から企業、団体まで、講師を選んで派遣していくのですが、こちらは全国的に有名な人々が中心です。

これに対して、私がすすめているのは、個人的なもので、テーマ的にも社会性のあるものではなく、むしろプライベートなものが優先されます。

それこそテーマは、自分がもっとも得意とするものでいいでしょう。それに最初は勉強のつもりで、無料でやるべきです。Facebookで「一緒にお茶を飲みましょう」と、気軽に誘うのもいいでしょう。

あるいは「大阪に行くので、一緒にお茶しませんか」といった誘いからでも、仲間は少しずつ広がります。**数人集まれば、そこから広げていく工夫も出てくるはずです。**

「読書会」のお誘いでもいいですし、神社詣でも悪くありません。特に女性はスピリチュアルな話題に乗ってきますし、地方にはお詣りすべき神社やお寺がたくさんあります。女性同士であれば「恋愛成就のお誘い」など最高です。東京では飯田橋にある東京大神宮が人気です。龍神様詣でも悪くありません。

ともかく家や部屋に閉じこもりがちな仲間を外に連れ出すだけでも、喜ばれるでしょう。話は二の次で、友だちを何人もつくることを優先しましょう。

重要なのは、**FacebookなどのSNSで自分の名前を知っていただくこと**。そのための労力を惜しまないことです。さらにいろいろな会に出て、名刺交換をするといいでしょう。これによってネット上のつながりをふやしていくことです。

若い人でも、これで数万人のネット上の交友関係を持っています。成功者はネットのつながりからお金を生んでいます。

ただし、いわゆるネットビジネスには手を出さないこと。失敗の可能性がはるかに高いからです。商品を売るのではなく、自分を売ることが重要です。それには得意な技術が何もなければ、不可能です。

まずネット上のメール、Twitter、Facebook、メルマガ、ブログ、YouTubeなどを駆使しましょう。私は88歳ですが、Twitter以外は全部やっています。それも定期的に配信しているので、ファンがつくりやすいのです。

さらにみずから発信することで、自分の得意技がわかってきます。読者に何を毎日発信するかも決まってきます。

こうすることで、一部の人たちがファンになってくれるのです。ファンになっていただければ、あちらから会いたくなるでしょう。この時点でビジネスは成立するのです。

きみは「出世型」か「独立型」か

ACTION

自分のタイプを見極め、悩んで決めよう。

私が社長をつとめているきずな出版では、新しい起業家、経営者や、新時代のセミナー、講演の講師として人気の方々の本を、続々と出版しています。これらの人々は、ひと足早く舞台に上がった人たちで、すでに成功しています。あなたもぜひこれらの若者の方々の後を追ってほしいのです。

面白いことに、これらの人々のほとんどはスムースに大学を出て、一流企業に入ったわけではありません。むしろ途中で挫折するか、一流企業に入ったあとで退職し、自分で会社を立ち上げたり、あるいは職を持たずにフラフラしている間に、トップブロガーになったような人たちです。

大学を卒えて企業に入った人は、基本的にその会社で出世しようとするでしょう。しかし、前述の人たちは、そうではありません。ではなぜ、一度は会社に入ったのでしょうか?

これは仕事をするためというより、学ぶためでしょう。2、3年働くうちに、小さくスタートするならば、自分でもやれると、自信ができるのだと思います。ここで私たちは、**「出世型」**と**「独立型」**に分かれます。

どちらがいい、というわけではありません。恐らく直観で決まるのでしょう。それに、自分の才能を自分で知っている人たちなのだと思います。とはいえ、**大きな舞台に上がる人は、相当な時間、迷いつづけるのがふつうです。**

アメーバブログのトップブロガーである本田晃一さんも「自分はすばらしい人間なんだ!」と気づくまで相当かかったといっています。その間、アメリカに行き、トップセミナー講師の下で勉強する人も少なくありません。

以前ならハーバード大学やスタンフォード大学や大学院に入学したはずですが、いまは基礎勉強より、個人勉強に励む日本人のほうが、目立っています。『お金を稼ぐ人は何を学んでいるのか?』(きずな出版)の著者でもある稲村徹也さんは、億単位の借金を背負い、ホームレスになったところから一念発起し、現在の億万長者の地位を獲得しています。

渋谷文武さんは講演の動画1本で、再生数300万回超という人気を誇る起業家です。「自分を変える」という視点からいうと、トップクラスの講師でしょう。『いまの職場、ラスト3か月』という本を、私の社から出していますが、劇場化社会にあって、注目すべき作家です。

最近では、こういった気鋭の講師が、続々と舞台に上がっていますが、これこそ新しい時代の流れです。古い人たちはこういう劇場の舞台に上がる人たちを「怪しい」という一言で片づけようとしていますが、それこそそんな考えでは、長生きできません。

国のご厄介になる人間ではなく、自分の才能で生きていく人間になることが、もっとも大事な時代になってきたのです。

早ければ早いほどいい理由

ACTION

若く元気なうちから
舞台に立とう。

結局、人からうらやましがられる地位、立場が、私たちの人生の目標になっているようです。いかにその立場に立つか、それも人様より1歳でも1年でも早く立つのが、人生の目的といっても過言ではありません。

ではなぜ、そんなに急がなければならないのでしょうか？　厚労省の発表によると、2025年には、65歳以上の認知症患者の数は、700万人にも増加するというのです。これはおよそ65歳以上の5人に1人の割合ですから、その年齢になってから成功しても何にもなりません。

これまでなら、成功すれば老齢期は悠々自適で、これ以上ないすばらしい生活が送れるはずでした。だからその豪奢な生活を目標にして、若いときから働きづめに働いてきたのです。

ところが残酷なことに、ようやくその年齢に達するかどうか、目標としている収入や財産ができたかどうかという年齢に、自分が認知症になってしまうことも考えられるのです。

実際、私の友人にもいましたが、せっかく豪華な家を建てても、それが豪華であるかどうかもわからないまま、徘徊（はいかい）しつつ行方不明になってしまいました。

こうならないためにも、**これからは成功の年齢を早めなければなりません。**

これまでの社会人生活では、60歳を目前にしたところで会社の役員になるのが通常の目標でした。年齢はどんどん高齢化しているのですから、これなら十分、成功人生といえるでしょう。人生100歳時代も夢ではないのですから。

ところが年齢だけは長くなっても、肝心の健康が追いついていきません。だからこそ、1日も早く舞台に上がって、成功の姿を、現実のものにしなければなりません。

それと共に、**健康は若い時期から考えるべきものです。**私はマスコミという無茶な職場に入ったその日から、食事、酒、たばこといった生活習慣をキチンとしてきました。食事は特に朝食を重要視し、酒はビールの小瓶程度、たばこは1回でも吸ったことはありません。

さらに「身土不二(しんどふじ)」といって、自分の生まれ育った土地の食品を中心に、88歳の今日まで摂ってきました。父は群馬、母は千葉県の九十九里、私の生地は現在の墨田区ですが、この3ヵ所を結びつけると、キャベツ、大根、豚肉、鶏肉、いわし、小魚、大豆、落花生、きのこ類などが挙がってきます。

もちろんこれだけを食べてきたわけではありませんが、意識しつつ食生活を築いていくと、健康につながるような気になるものです。

1つは若くして舞台に上がることを考え、2つには健康長寿のために、若いうちから自分だけの生活法を確立しましょう。この方法は家族にも好影響を与え、全員が健康で長命という形になります。

舞台に上がるのに年齢は関係ない

ACTION

何歳になっても、
一芸に秀でて発信しよう。

これまで読んできて、舞台に立てる人間は若い人にかぎるように思った方もいるかもしれません。

たしかに挑戦や成功は若ければ若いほどチャンスが大きいですが、高齢になっても、舞台に立つチャンスはいたるところにあります。**私のような老け役も必要とされるのです。それは現在、誰でも聞きたい健康法を実践しているからです。**

これからは、いやでも多くの人が長生きします。以前より健康法でも医薬品の面でも、断然すぐれた状況になってきたからです。

私は88歳でも超元気です。もちろん軽い風邪や腹痛にはかかりますが、市販の薬を飲めば治ります。健康法を30代、40代の人が話しても誰も面白がりませんが、これを80代の男女が話したら直剣に聴くでしょう。

これは演劇でもテレビ番組でも、書籍でも同じです。85歳の黒柳徹子さん、82歳の北島三郎さん、81歳の加山雄三さんなどの健康法だったら、誰でも聴きたいでしょう。作家でいえば、それこそ96歳の瀬戸内寂聴さんや95歳の佐藤愛子さんは引っ張り凧です。

ここまでとはいわずとも、**無名でも元気なら、老人ホームや地域の役所や会社からお呼びがかかるでしょう。まさに舞台上の名優になれるのです。**

ただし有名人が80代で引っ張りだこなら、無名の場合は90代にならないと、そうはなりません。私の場合もそうで、まだ88歳くらいでは鼻たれ小僧クラスです。

98歳で会社を起業する、オンラインサロンをスタートするとなったら、マスコミが殺到するかもしれません。せっかく他人より健康で長生きするのであれば、その元気な姿を、舞台上から見せてやりたい、と思っても不思議ではありません。

舞台に上がるには、もう年齢的にムリではないか、と思う必要はありません。なぜならどの年代にも、現状から抜け出したいと考えている人は多いからです。

よしんば仕事面で舞台に上がれなければ、ほかの分野で一芸を極めることです。私は22歳から占いを教えられましたが、占いや運命学、神的意志学やスピリチュアルな学びは、何歳からでもできます。

むしろ仕事面より、こういった趣味や実学的な知識のほうが、ウケるかもしれません。私は2019年4月から「魔法大学」を開き、スピリチュアル界の権威、穴口恵子さんと組んで、舞台に上がりました。これだけでも、大きな反響を呼んだのです。スピリチュアルなどの分野も、ある程度の年齢のほうが、安心できるテーマです。

自分の年齢を、舞台に上がらない、上がれない理由にせず、ぜひチャレンジしていただきたいのです。

おわりに
非常識な日常へ一歩を踏み出そう！

昨年（2018年）6月、日本生産性本部が発表した「働くことの意識」調査によると、「どのポストまで昇進したいか」との問いに対し、「社長」と答えた人は10・3％でした。1969年の調査開始以来で最低だといいます。平成元年（1989年）は19・3％でしたから、平成30年間で、9％も出世希望者が消えてしまったことになります。

これは一体、どういうことでしょうか？　一説には、いまの若者は「やる気がない」という人もいますし、社長の椅子に興味を持たない、という声も聞こえてきます。

またもう1つ、働く目的として「自分の能力を試す」という項目も約25％から10％まで急速に下がっています。これを見て「日本の若者はやる気を失っている」と怒る人もいるようですが、これは若者の出世に対する考え方が、完全に変化してきたのだと思います。

1つには、従来の「社長」業に、魅力を感じなくなってきたのかもしれません。あるいは、自分が社長になるまでいまの企業が安泰か、疑問視しているのではないでしょうか。また大勢の人を使っていくという業務に、不信感を持っているとも考えられます。すでに副業を認めるなど、社員の働き方をフリー化している企業もあるくらいで、「会社」という鉄の囲いの中に一生、い続けることに疑問を持っているとも考えられます。

いまはちょうど、あらゆるものが過渡期です。人間の腕を使っていくのか、ITを使うのか、大集団でいくのか、小さな集団で好きなことをやるのか、それこそ最先端事業を海外でするのか、物よりお金を動かすのか……人によって、向かう先はさまざまです。若者たちの考え方は、大人たちよりむしろ、複雑なのではないでしょうか。

私はこの傾向を劇場化社会のスタートと捉えました。これまでは会社が劇場であり、その舞台での主役は社長であり、役員でした。だから大学を出たら、一直線にその道を進んだのです。

ところが、いまはどうでしょうか？　その会社に長く働いても、舞台に出られるとは限りません。日産のように、強引なカルロス・ゴーンが出現したら、全員がゴーンの舞台を見上げるだけになってしまうこともあり得ます。あの巨大な日産でも、ゴーン以外の日本人幹部の名前を知っている人は、ほとんどいないのです。

いまや、大企業でも支配するのはフリーの経営者になりつつあります。だとしたら、フリー経営者の勉強を早くからしたほうがトクです。それもあって、むしろ成功者になりたい人たちは、とりあえず企業に入ってもセミナーや講演会で勉強し、小さくても舞台を踏みたいと考えてきたのでしょう。

もちろん全員が成功できるわけではありませんが、**成功とはなにも地位だけではないのです。マネーもあります。コミュニティの主宰者も成功者です。YouTubeの人気者も成功者といえるでしょう。**インターネットはつねに新しい成功者を生み出していきます。

仮に大企業に入って中年まで一生懸命働いても、50歳前後で退職者募集の中に入れられる時代です。「いや、自分はそんなことはない」と自信を持っていえる人は、ほとんどいないのではありませんか?

それだったら、もっと若い時代から、兼業でも複業でも副業でもいいから、小さい舞台で活躍できるよう勉強していくほうが、超高齢化社会に合った働き方だと思うのです。

私はそれをやり続けてきたおかげで、88歳という年齢にもかかわらず、まだ独りでも食っていける舞台を持っています。私の周りにも、その考え方を若いうちから実行に移した成功者が大勢います。中には「何をしているのかよくわからない、怪しい奴だ」といわれた人もいます。しかし、「オレがわからなければ怪しい」という人ほど、時代に遅れている人たちなのです。

タクシーが空を飛ぶ時代です。朝早く起きて、夜早く寝る毎日が正しい日常なのか――それすらもわからなくなってきました。会社を1社しか持っていない経営者が褒められる時代ではなくなってきたのです。とくに若い経営者なら、3社くらい持って当然でしょう。

そのくらいの非常識な日常を送ってみませんか？

そういう考え方を持っている人たちとつながってみませんか？

老婆心ながら、私は若い人たちに、そうアドバイスしたいのです。

櫻井秀勲

参考文献

『いまの職場、ラスト3か月』（渋谷文武・きずな出版）
『癒しの手』（望月俊孝・きずな出版）
『影響力』（永松茂久・きずな出版）
『お金を稼ぐ人は何を学んでいるのか？』（稲村徹也・きずな出版）
『オンナの敵はオンナ』（大谷由里子・きずな出版）
『「変われない自分」を一瞬で変える本』（井上裕之・きずな出版）
『キャラがすべて！』（大内優・きずな出版）
『きれいでなければ稼げません』（渡辺ゆきよ・WAVE出版）
『コミュニティをつくって、自由に生きるという提案』（マツダミヒロ・きずな出版）
『サイボーグ時代』（吉藤オリィ・きずな出版）
『残業ゼロのノート術』（石川和男・きずな出版）
『自分の小さな「箱」から脱出する方法』（アービンジャー・インスティチュート・大和書房）
『自分を安売りするのは〝いますぐ〟やめなさい。』（岡崎かつひろ・きずな出版）
『神聖な自分と出会う魔女入門』（穴口恵子・きずな出版）
『半径3メートル以内を幸せにする』（本田晃一・きずな出版）

Special Thanks

（敬称略）

青木一弘
穴口恵子
有川真由美
石井貴士
石川和男
稲村徹也
井上裕之
大内優
太田宏
大谷由里子
岡崎勉明
岡部隆司
小澤良介
鬼塚忠
北原照久

小林一光
小林照子
児玉圭司
権藤優希
志熊恭輔
杉山順子
陶山浩徳
高須克弥
高野利実
土屋芳輝
豊福公平
中谷彰宏
永松茂久
西園直広
昼間匠
本田健
本田晃一
マツダミヒロ
村石久二
望月俊孝

谷敷正人
矢萩春恵
山崎拓巳
ユウサミイ
来夢
Seiji Yamauchi
青木亜也子
青木彩野
青木浩実
青沼弘興
青柳祐希
赤堀実
阿久津信広
朝倉巧治
浅田佑美子
阿部光平
安部田正近
天乃陽妃
荒井陽介
安東美和子

飯島祥太
飯島真梨
飯田春江
生田サリー
池田勝紀
池田瑞希
池田桃子
石川直希
石鍋治己
石田章洋
磯ヶ谷ふき子
伊東材祐
井上聡
井野隆
岩坂あゆみ
岩瀬喜洋
上野ハジメ
鵜澤晶絵
鵜月宏和
梅澤千恵子

梅田紘道
遠藤幸次
遠藤秀輝
大江ひとみ
大胡恵理
太田裕也
大高充
大竹章太
大塚充
大塚唯
大月綾子
大橋拓也
皇村昌季
岡部真由美
岡村一秀
岡谷佳代
小川拓真
小川雄輔
小川凌
奥園志保

小栗哲久
小名木愛
斧宗慶
尾野由理加
小浜亮
折口亮太
垣内誠
柿沼遥佳
勝間勇介
加藤宏一朗
加藤直樹
加藤仁美
金山浩輝
金澤大夢
兼松拓
加納敏彦
加納ミサ
鎌田真紀
川野雄一
川村奈美子

神田あかね
神林賢
菊地訓史
岸谷康弘
北村忠之
木下直子
日下部知世子
楠本和矢
久保田圭晶
熊谷和海
倉橋充弘
桑原真一
河野里美
後藤駿佑
小林文音
小林佐保理
小林直樹
こまさき澄香
子持留志織
齋藤ソフィー

齋藤貴彦
齊藤優奈
酒井彩佳
坂本和美
坂倉広幸
笹氣健治
佐々木洋平
佐竹瑛理奈
佐竹大樹
佐藤亜紗美
佐藤加奈
佐藤道尚
佐藤由美子
佐野ひとみ
澤田正平
塩田紀久子
柴木佑介
柴木理奈
柴崎佑介
柴田英樹

島本晋吾
下嶋絢花
新保善也
末吉宏臣
資延侑子
鈴木さえ子
鈴木智江
鈴木真美
鈴木ルビー
菅田ひとみ
住谷理紗
関本貴之
園木美緒
紫乃花
高尾郷介
田覚勇季
高田美幸
高橋公男
高橋武宏
高橋房江

高橋まき
高橋恵
高村浩平
瀧上恵美子
滝沢理絵
田口浩司
工佑貴也
竹井真奈美
立花沙代子
巽真吾
田中祥元
玉川町子
田村蓉子
為貝充信
塚本純子
對馬勇真
角田喜孝
出口太一
寺田佳菜
土井あゆみ

年名佐葉子
戸田沙織
外山凌太
内藤洋二朗
永井彩香
中上敬二
中川和宏
中里仁美
中野淳
中野直史
永松大和
中村裕志
中山眞由子
詠由美子
那須野正
名取直子
七海文重
新山佳緒莉
西花織
西嶋正義

西中拓也
西村恵那
二宮康徳
丹羽笑子
野末岳宏（JP）
橋口遼
橋本龍輝
長谷川めいこ
長谷川靖
花野井美貴子
馬場和彦
浜本健佑
林健太
林淳一
林涼童
原佑
日吉凌平
平井秀明
平山淑子
ヒロカズマ

廣島大三
福岡かつよ
福島さなえ
福田典子
藤井千恵
藤本久美子
藤本英貴
藤由達藏
藤原寿人
星野陽子
細川一滴
堀川康一郎
堀野絵梨
本城知恵
本田未来
前川祐介
前田恵里
前田広一朗
前田聡也
牧野裕美子

舛田千恵
松岡抄子
松木瞳
松下智大
松田唯
松永秀幸
松原仁美
的池誠矢
的池涼子
見上和代
南陽
宮下柊
宮下みゆき
宮地紀彦
宮田有康
武藤明
武藤雄大
無風涼
村崎香
村本あかり

望月朋美
茂木香奈実
本村麻理菜
森郁美
森田瑛子
もりもり
諸井智也
安田聡美
山岸孝子
山口明子
山田慎也
山田ヒロミ
山田雅也
山本周平
横倉摩璃
吉田有希
ローズ麻生育子
若松綾乃
Asherah Yumiko
Yoshizawa Yuka

●著者プロフィール

櫻井秀勲（さくらい・ひでのり）

1931年、東京生まれ。東京外国語大学を卒業後、光文社に入社。遠藤周作、川端康成、三島由紀夫、松本清張など歴史に名を残す作家と親交を持った。31歳で女性週刊誌「女性自身」の編集長に抜擢され、毎週100万部発行の人気週刊誌に育て上げた。55歳で独立したのを機に、『女がわからないでメシが食えるか』で作家デビュー。 以来、『運命は35歳で決まる！』『人脈につながるマナーの常識』『今夜から！口説き大王』『寝たら死ぬ！頭が死ぬ！』『老後の運命は54歳で決まる!』など、著作は200冊を超える。

- 著者公式ホームページ
  http://www.sakuweb.jp
- オンラインサロン『櫻井のすべて』
  https://lounge.dmm.com/detail/935
- オンラインサロン『ごん×櫻井のモテモテ塾』
  https://lounge.dmm.com/detail/1123

劇場化社会

誰もが主役になれる時代で頭角を現す方法

2019年4月1日　初版第1刷発行

著　者　櫻井秀勲
発行者　岡村季子
発行所　きずな出版
東京都新宿区白銀町1-13　〒162-0816
電話 03-3260-0391
振替 00160-2-633551
http://www.kizuna-pub.jp/

ブックデザイン　福田和雄（FUKUDA DESIGN）
校　正　鷗来堂
印刷・製本　モリモト印刷

 ISBN978-4-86663-068-7

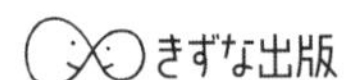